Schöningh

EinFach Deutsch

Gottfried Keller

Romeo und Julia auf dem Dorfe

... verstehen

Erarbeitet von
Bernadette Hohe
Matthias Hohe

Herausgegeben von
Johannes Diekhans
Michael Völkl

Bildnachweis

S. 23, 32: Reinhild Kassing/Verlagsarchiv Schöningh; S. 28, 61, 65, 72, 114: © Zentralbibliothek Zürich, Graphische Sammlung und Fotoarchiv; S. 66: akg-images GmbH; S. 67, 74: © Zentralbibliothek Zürich

Sollte trotz aller Bemühungen um korrekte Urheberangaben ein Irrtum unterlaufen sein, bitten wir darum, sich mit dem Verlag in Verbindung zu setzen, damit wir eventuell notwendige Korrekturen vornehmen können.

www.schoeningh-schulbuch.de
Schöningh Verlag, Jühenplatz 1–3, 33098 Paderborn

Druck 5 4 3 2 1 / Jahr 2018 17 16 15 14
Die letzte Zahl bezeichnet das Jahr dieses Druckes.

Umschlaggestaltung: Nora Krull, Bielefeld
Umschlagbild: ullstein bild – Heritage Images/Ann Ronan Pictures
Druck und Bindung: westermann druck GmbH, Braunschweig

ISBN 978-3-14-022576-2

Inhaltsverzeichnis

An die Leserin und den Leser

Liebe Leserin, lieber Leser!

„Komm, küss mich noch einmal! Nein, geh, mach dich fort! Es ist aus, es ist ewig aus, wir können nicht zusammenkommen!" (S. 50, Z. 22ff.)[1]

Mit diesen Worten widerspricht eine junge Frau ihrem Geliebten, die materiellen und ideellen Hindernisse, die einer dauerhaften Beziehung der beiden im Wege stehen, durch ihre Liebe überwinden zu können: zu tief der feindselige Graben, der ihre Familien trennt, zu groß das Unrecht, das der Geliebte ihrem Vater zugefügt hat, in zu weite Ferne gerückt die Möglichkeit, innerhalb der Gesellschaft noch an bürgerlicher Ehre und Treue festhalten zu können. Eine Vereinigung der Liebenden ist nur mehr außerhalb der bürgerlichen Konventionen denkbar, aber angesichts des von den Liebenden verinnerlichten Glaubens an bürgerliche Werte eben nicht „leb-bar". Der Traum vom gemeinsamen Glück realisiert sich nur an einem einzigen unbeschwerten Tag, dem letzten ihres Lebens – außerhalb der Gesellschaft im sogenannten „Paradiesgärtlein" der Heimatlosen. Letztlich bleibt als einziger Ausweg der gemeinsame Freitod auf einem Heuschiff. Zwar trägt sich dieser im „sozialen Niemandsland" ewiger Liebe zu, aber er ist vor allem auch Resultat einer sozialen Ausgrenzung und damit zugleich ein letztes Bekenntnis zur bürgerlichen Ordnung.
Mit der Liebeshandlung verknüpft der Autor Gottfried Keller ein literarisches Urthema, das schon in der Antike nachweisbar ist und in der allseits bekannten Shakespeare-Tragödie seine berühmteste Ausprägung gefunden hat: Es ist das Motiv von der Liebe und dem Tod der Kinder verfein-

---

[1] Sämtliche Stellenangaben beziehen sich auf die im Literaturverzeichnis aufgeführte Textausgabe des Schöningh Verlags.

deter Eltern, dem Keller aber ein neues Gewand verleiht, indem er den an sich zeitlosen Stoff seiner zeitgenössischen Realität anpasst und ihn mit einer wahren Begebenheit verknüpft (vgl. Novellenbeginn). Im Titel seiner Erzählung „Romeo und Julia auf dem Dorfe" bezieht sich Keller einerseits explizit auf die literarische Tradition, andererseits stellt er sich in die Tradition der „Dorfgeschichten", wie sie Mitte des 19. Jahrhunderts regelrecht in Mode gekommen waren.

Beliebt waren sie vor allem deshalb, weil eine überschaubare Dorfgemeinde modellhaft menschliches Verhalten und soziale Beziehungen aufzeigt. Auch Keller geht es zum einen um Probleme und Konflikte, die sich aus dem Alltag heraus ergeben, zum anderen um die Veranschaulichung allgemeinmenschlicher Situationen und Verhaltensweisen am konkreten Beispiel. Seine Figuren verkörpern weniger individuelle Charaktere, sondern stehen beispielhaft für menschliche Typen.

Die Erzählung gehört Kellers 1856 erschienenem Novellenzyklus „Die Leute von Seldwyla" an, der der Epoche des „Poetischen Realismus" zugerechnet wird. So sehr Keller betont, dass seine Novelle auf einer wahren Begebenheit fußt, und so sozialkritisch er sich im ersten Novellenteil gibt, so lässt er als Vertreter des Poetischen Realismus doch deutlich werden, dass alles Reale von geheimnisvollen Kräften durchdrungen ist. Insbesondere das dichte Geflecht von Symbolen zeugt von der poetischen Tiefe des Werks.

Vom Zeitpunkt ihres Erscheinens bis zum heutigen Tage fand diese Novelle Kellers bei Publikum und Dichterkollegen großen Anklang, obwohl der Autor sie selbst beinahe nicht in seinen Novellenzyklus aufgenommen hätte. Vielen gilt sie als eine „wundervolle Erzählung" (Fontane), und dass der Romeo-und-Julia-Stoff von ungebrochener Aktualität ist, davon zeugen beispielsweise die moderne Musicalproduktion „West Side Story", 1957 in New York uraufgeführt, oder der Film „William Shakespeares Romeo und Julia" von 1997 (Baz Luhrmann).

Aber warum genau lesen wir eigentlich die *Novelle* „Romeo und Julia auf dem Dorfe"?

Vielleicht, weil sie wie kaum ein Werk des schulischen Lektürekanons eine so eingehende und gleichzeitig knappe Zusammenschau verschiedenster Konfliktfelder menschlichen Zusammenlebens bietet: Es geht um Freundschaft, Liebe und Ehe, es geht um Familie, Generationen und Nachbarschaft, es geht um Dorfgemeinschaft und Stadtgemeinschaft und in all diese Bezüge ist der Einzelne hineingestellt. Viele Themen von zeitloser Aktualität hat Keller also in einer einfachen Dorferzählung verdichtet, die zu einer Auseinandersetzung herausfordern. Die Erzählform „Novelle" mit ihrer klaren und übersichtlichen Struktur und ihrer stringenten Handlung um einen zentralen Konflikt erleichtert die Lektüre für den jugendlichen Leser.

Darin allein erschöpft sich jedoch nicht die Faszination für den heutigen Leser: Denn einerseits wird er vielleicht den Liebestod der einfachen Bauerskinder als einen Nachweis dafür empfinden, dass die tiefen Gefühle, von denen die Poeten singen, nicht aus der Welt verschwunden sind. Andererseits aber wird er bestrebt sein zu verstehen, welcher Welt und Gesellschaft diese Kinder angehört haben, die ihnen nicht den Weg der Rebellion oder Flucht gewiesen hat, sondern der sie unbedingt angehören wollten, obwohl sie von der bürgerlichen Sphäre ausgeschlossen waren.

Der vorliegende Band aus der Reihe „EinFach Deutsch … verstehen" will Ihnen die Annäherung an eine „unvergängliche Novelle" (W. Benjamin) erleichtern und Zugänge zur Analyse und Interpretation des Erzähltextes und seines Personengefüges aufzeigen. Daneben vermittelt er Ihnen biografische, zeitgeschichtliche und kunsttheoretische Hintergründe des Werks. Im Sinne einer erfolgreichen Prüfungsvorbereitung werden abschließend die Aufgabenform „Personencharakterisierung" sowie verschiedene Verfahren der Textanalyse vorgestellt und wichtige Aspekte des Werks noch einmal in anschaulichen Übersichten gesondert betrachtet.

Viele Anregungen zum Nachdenken und viel Freude bei der Lektüre wünschen

Bernadette Hohe und Matthias Hohe

Der Inhalt im Überblick

In der Nähe einer fiktiven Schweizer Kleinstadt namens Seldwyla leben zwei Bauern, Manz und Marti, die zu Beginn der Novelle einträchtig ihre nebeneinander liegenden Äcker bearbeiten und ihre Mahlzeit einnehmen, die ihnen ihre Kinder bringen. Dieses harmonische Bild, das die geordneten Lebensverhältnisse der Bauern demonstriert, wird gestört durch einen scheinbar herrenlosen Brachacker, der beide Felder voneinander trennt und von dem beide Bauern am Ende ihres Tagwerks noch jeweils eine Furche abtrennen.

Nachdem Manz eines Tages auf einer öffentlichen Versteigerung den brachliegenden Acker ersteigert hat, kommt es zu einem erbitterten Rechtsstreit zwischen den beiden Bauern, weil Marti zuvor noch ein Dreieck aus dem Brachland abgeschnitten hat. Beide Parteien kostet der hasserfüllte Streit letztlich ihre Existenz und vor allem Sali und Vrenchen, die Kinder der beiden Bauern, werden zu den Leidtragenden dieser Entwicklung.

Als sich die völlig verarmten Bauern eines Tages am Fluss in der Nähe des Dorfes beim Angeln begegnen, kommt es mitten auf einer Brücke zu einer handgreiflichen Auseinandersetzung, bei der nur die beiden mittlerweile erwachsenen Kinder Schlimmeres verhindern können. Just in dem Moment, als die Kinder eingreifen, verlieben sich Sali und Vrenchen – wie vom Blitz getroffen – ineinander.

Den nächsten Tag verbringen Vrenchen, Martis Tochter, und Sali, Manz' Sohn, auf den elterlichen Äckern zunächst in verliebter Glückseligkeit, die dann aber von dem unerwarteten Auftritt des Schwarzen Geigers, der sich den Kindern als rechtmäßiger Eigentümer des Brachackers zu erkennen gibt, jäh gestört wird. Seinen Anspruch auf den Acker hatte er aufgrund des Fehlens von Papieren, die er als Heimatloser nicht hatte beibringen können, damals nicht

geltend machen können und das Schicksal der beiden Bauern sieht er nun als gerechte Entschädigung dafür.
Auch Marti überrascht das Paar und als er mit Gewalt darauf reagiert, seine Tochter in den Armen des verfeindeten Bauernjungen zu finden, schlägt Sali ihn mit einem Stein nieder, worauf Marti für immer den Verstand verliert.
Angesichts der Unmöglichkeit einer gemeinsamen Zukunft innerhalb der bürgerlichen Welt beschließen die beiden Liebenden, noch einen einzigen gemeinsamen unbeschwerten Tag zu verbringen, bevor Vrenchen, nunmehr auf sich allein gestellt, eine Stelle als Dienstmagd annehmen wird. An diesem Tag, dem Kirchweihtag, der auch der letzte ihres Lebens sein wird, wandern Sali und Vrenchen festlich herausgeputzt von Dorf zu Dorf, lassen sich in zwei Gasthäusern bewirten und leben für kurze Zeit eine Utopie aus, die sich auf Dauer nicht verwirklichen lässt.
Ihr zerbrechlicher Traum vom Glück wird dadurch erneut jäh zerstört, dass sie erkannt werden und ihnen unverhohlener Neid und Missgunst entgegenschlagen. Daher flüchten sie sich ins „Paradiesgärtlein“ zur ausgelassenen Gesellschaft der Heimatlosen, deren Mittelpunkt der Schwarze Geiger bildet. Seine an Sali und Vrenchen gerichtete Einladung, ihr Leben außerhalb der bürgerlichen Konventionen zu führen und sich den Heimatlosen anzuschließen, wird von dem jungen Paar am Ende zurückgewiesen, lediglich auf eine symbolische Trauung, die der Schwarze Geiger in einer spaßhaften Zeremonie an ihnen vollzieht, lassen sie sich ein.
Danach lösen sie sich aus dem wild tanzenden Hochzeitszug in die nächtliche Einsamkeit und vollziehen eine zweite, nunmehr ernsthafte Trauung durch einen Ringtausch. Als „Brautbett“ wählen sie ein am Flussufer angebundenes Boot, das ihnen zugleich zum Todeslager ihres gemeinsam verübten Selbstmordes wird.

Die Personenkonstellation

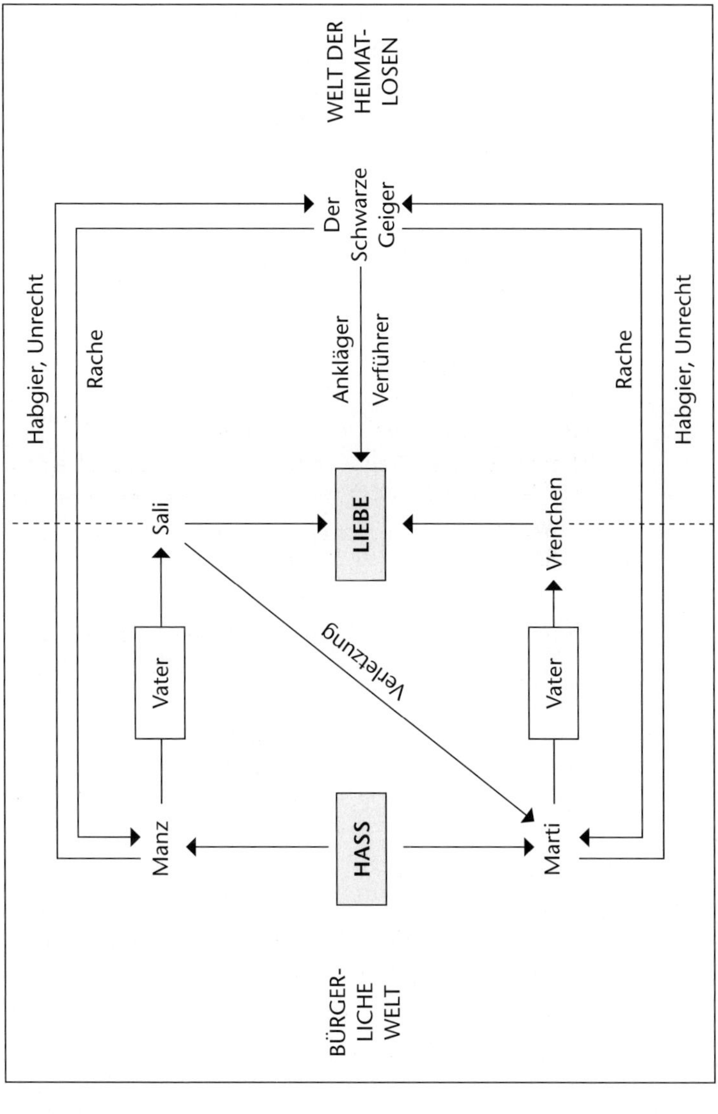

Inhalt, Aufbau und erste Deutungsansätze

Eingangsbild und Andeutung des Konflikts

Erzählerkommentar: Begründung für die Adaption des berühmten Stoffs

Im ersten Absatz der Novelle kommt ein Erzähler zu Wort, der auf die Entstehung und den Wert des Werks verweist: So liegt der Novelle einerseits eine reale Begebenheit zugrunde (vgl. S. 5, Z. 2f.), andererseits steht sie in einer langen Tradition „große[r] alte[r] Werke" (S. 5, Z. 4f.), die den gleichen Stoff behandeln. Es handelt sich dabei um den sogenannten „Romeo-und-Julia-Stoff", der die Liebe zweier Kinder aus verfeindeten Familien und deren Scheitern an der gesellschaftlichen Realität behandelt.

Erzählung „in neuem Gewande"

Der Erzähler – implizit verbirgt sich hinter diesem der Autor Gottfried Keller – möchte sich jedoch von diesen literarischen Vorlagen absetzen und eine aktuelle Erzählung „in neuem Gewande" (S. 5, Z. 6) präsentieren: Sein besonderer Charakter erhält Kellers Text im Vergleich etwa zu Shakespeares Bearbeitung des Stoffs (vgl. S. 108ff.) durch die besonderen gesellschaftlichen Verhältnisse und das geistig-philosophische Umfeld, unter deren Eindruck er entsteht. So ist es bei Keller die bäuerlich-kleinbürgerliche Lebensform des 19. Jahrhunderts, die die beiden jugendlichen Helden in den Tod treibt.

Ein „locus amoenus" als Schauplatz

Nach dieser Vorbemerkung wird eine dörflich-idyllische Landschaft in der Nähe der fiktiven Schweizer Ortschaft Seldwyla (vgl. S. 5, Z. 10) als Schauplatz des Geschehens eingeführt: Er weist mehrere Attribute eines typischen „locus amoenus"[1] auf – so etwa die Lage an einem „schönen Flusse" (S. 5, Z. 9) in einer „fruchtbaren Ebene" (S. 5, Z. 12), eingetaucht in das Licht eines „sonnigen Septembermor-

[1] locus amoenus: lat. für „lieblicher Ort", idealisierte Naturlandschaft, häufig Schauplatz für das Zusammentreffen von Liebenden

gen[s]" (S. 5, Z. 16). Landschaft, Jahreszeit und Wetter fügen sich somit zu einem harmonischen Bild, das die Vorstellung von einem goldenen Zeitalter[1] evoziert.

Der Mensch als Teil der natürlichen Ordnung

Ebenso harmonisch wie die Landschaft wirken auch die in ihr arbeitenden Bauern, die sich in ihrem Aussehen und Tun vollkommen in das vom Erzähler entworfene Landschaftsidyll einfügen (vgl. S. 6, Z. 13f.). In ihrer Sicherheit und Ruhe, die sie beim Bearbeiten ihrer Äcker ausstrahlen (vgl. S. 6, Z. 27f.), verschmelzen sie harmonisch mit ihrer Umgebung und wirken wie ein fester Bestandteil der unumstößlichen natürlichen Ordnung.

Friedliches Nebeneinander der Bauern

Die beiden Bauern, Manz und Marti, die in nachbarschaftlicher Freundschaft miteinander verbunden sind, pflügen ihre nur durch einen Streifen herrenlosen Ackers getrennten Felder.

Sie arbeiten friedlich nebeneinander – aus der Ferne deutlich erkennbar an ihren zur Bauerntracht gehörigen Zipfelkappen, die je nach Windrichtung bei dem einen nach vorne umgeschlagen ist, bei dem anderen in den Nacken hängt (vgl. S. 6, Z. 14ff.). Nur für einen kurzen Moment, bei ihrem Aufeinandertreffen an der Hügelkuppe, stehen beide Zipfelkappen sozusagen parallel in der Luft (vgl. S. 6, Z. 24ff.).

Übereinstimmung in Aussehen und Verhalten

Ansonsten zeigen beide Bauern eine auffällige Übereinstimmung in Aussehen und Verhalten: Es sind lange, hagere Männer von etwa vierzig Jahren (vgl. S. 5, Z. 23f.), die solide Kleidung tragen (vgl. S. 5, Z. 25ff.), äußerlich gepflegt wirken (vgl. S. 6, Z. 3f.) und offensichtlich über einen gewissen Wohlstand (vgl. S. 6, Z. 11) verfügen.

Die Kinder der Bauern

Komplettiert wird das stimmige Bild durch die beiden Kinder der Bauern, die sich mit einem kleinen Wägelchen vom Dorf her nähern, um den beiden Pflügern ein Frühstück

---

[1] Goldenes Zeitalter (lat. aurea aetas): Begriff aus der antiken Mythologie, der die als ideal betrachtete Urphase der menschlichen Gesellschaft bezeichnet, die später durch die Zivilisation zerstört wurde

von ihren Ehefrauen zu bringen. Manz' Sohn Sali ist sieben, Martis Tocher Vrenchen fünf Jahre alt – „beide gesund und munter" (S. 7, Z. 25).

Fazit: (scheinbare) Ordnung des bäuerlichen Lebens …

Fleiß, Besonnenheit und Familienleben der Bauern zeugen davon, dass sie tief in bäuerlichen Traditionen verwurzelt sind und Teil einer scheinbar unumstößlichen, altertümlich anmutenden Ordnung sind. Aber nur „auf den ersten Blick" (S. 5, Z. 24f.) ist dieses Idyll ungetrübt, bei näherer Betrachtung sind klar die Vorboten des Unheils auszumachen.

… mit störenden Elementen

Vor allem fällt der „mittlere" Acker ins Auge, der „brach und wüst" (vgl. S. 5, Z. 18f.) daliegt und überhaupt nicht zu dem ansonsten in sich stimmigen Bild passt. Er ist mit Steinen und Unkraut übersät (vgl. S. 7, Z. 1ff.) und bildet damit den denkbar größten Gegensatz zu den beiden unmittelbar benachbarten Feldern. Aber auch die auf den Feldern arbeitenden Bauern sind nicht einfach nur eindeutig positiv dargestellt: Ihre Zipfelkappen vergleicht der Erzähler mit „zwei weiße[n] Flamme[n, die] gen Himmel züngel[...]n" (S. 6, Z. 26f.), und sie selbst mit „zwei untergehende[n] Gestirne[n]" (S. 6, Z. 32), was wie die Tatsache, dass sie in entgegengesetzter Richtung arbeiten, als Vorausdeutung auf ihren Streit um den Brachacker und ihren persönlichen Ruin gesehen werden kann.

Das Gespräch über den herrenlosen Acker

„Small Talk" über Seldwyla

Während des gemeinsam mit ihren Kindern unter einem Lindenbäumchen eingenommenen Frühstücks (vgl. S. 8, Z. 1ff.) entspinnt sich ein Gespräch zwischen den Bauern. Ihr Blick ruht auf dem in der Ferne erkennbaren Städtchen Seldwyla, von dessen Dächern Rauch aufsteigt, der von einem „reichliche[n] Mittagsmahl" (S. 8, Z. 7) zeugt. Mit wenigen Strichen skizziert der Erzähler hier das Bild einer geordneten und wohlhabenden Kleinstadt, über die jedoch „Silbergewölk" (S. 8, Z. 8f.) hingebreitet ist – ein Begriff, der nicht nur positiv konnotiert ist, sondern ebenfalls als Vorbote des drohenden Unheils fungiert.

Abgrenzung gegen die Stadtbewohner

Die Bauern Manz und Marti grenzen sich von den Stadtbewohnern in der Ferne ab, indem sie sie als „Lumpenhunde"

(S. 8, Z. 11) bezeichnen und damit ein grobes Vorurteil aussprechen. Diesem noch spöttisch gemeinten Schimpfwort folgen weitere (z. B. „Steckleinspringer"[1], S. 8, Z. 30 f.). Dass diese Einstellung gegen die Stadtbewohner ein hohes Aggressionspotenzial in sich birgt, ist offensichtlich.

Das Pachtangebot an die Bauern

Im Folgenden dreht sich das Gespräch der Bauern um den mittleren, verwilderten Acker, der beiden – unabhängig voneinander – zur Pacht angeboten worden ist (vgl. S. 8, Z. 13 ff.). Einen gesetzlich anerkannten Eigentümer hat der Acker offenbar nicht, dennoch macht das Gespräch der beiden Bauern deutlich, dass sie sehr wohl wissen, wer rechtmäßig Anspruch auf ihn erheben könnte.

Der Schwarze Geiger als rechtmäßiger Besitzer des Ackers?

Offenbar gibt es nämlich einen noch lebenden Enkel des „verdorbenen Trompeters" (S. 9, Z. 7), dem der Acker ursprünglich gehört hat. Hierbei handelt es sich um den „Schwarzen Geiger" (S. 9, Z. 9), dem im Verlauf der Novelle noch eine gewichtige Funktion zukommen wird. Um jedoch die Identität als Enkel des Trompeters nachweisen zu können, fehlt ihm ein Taufschein, der einer Geburtsurkunde gleichkommt. Dass die Familienähnlichkeit zum Beweis ausreichen könnte, darin sind sich beide Bauern einig, ebenso darin, dass sie den Behörden bei der Ermittlung des rechtmäßigen Erben nicht helfen wollen (vgl. S. 9, Z. 26 ff.). Zynisch setzen sich die Bauern damit über die Rechte des wahrscheinlichen Besitzers hinweg und verlangen einen bürokratischen Nachweis, ein „Fetzchen Papier" (S. 9, Z. 27), das der Geiger nicht beibringen kann.

Ausgrenzung der Heimatlosen

Als jemand, dessen Eltern bereits zur Gruppe der sogenannten Heimatlosen gehörten, wurde der Schwarze Geiger nicht in das Geburts- bzw. Taufregister seiner Gemeinde eingetragen und ist damit ein aus der Gemeinde Ausgestoßener. Manz und Marti verharmlosen das Problem der Heimatlosen jedoch, indem sie schlichtweg erklären, man

[1] Steckleinspringer: spöttische Bezeichnung für einen Nichtstuer, der mit einem Stecken (= Spazierstock) scheinbar geschäftig übers Land geht

könne nicht verlangen, dass der Pfarrer den Taufstein in die Wälder trage (vgl. S. 10, Z. 4ff.).

Eigennutz als treibende Kraft

Mit dieser Einstellung tragen sie ihren Teil zur Ausgrenzung des Schwarzen Geigers bei und entziehen ihm durch ihren ökonomischen Egoismus die Lebensgrundlage. Vorgeschoben wird das Interesse der Dorfgemeinschaft, eine Übervölkerung (vgl. S. 10, Z. 8) zu vermeiden, doch aus Manz' Worten – „Schad ist es aber doch, dass der gute Boden so daliegen muss" (S. 9, Z. 2f.) – spricht kaum verhohlen eigenes Interesse für das Stück Land.

Fazit: Abgrenzung und Ausgrenzung

Das Weltbild beider Bauern basiert einerseits auf Abgrenzung gegenüber den „Lumpenhunde[n] zu Seldwyl" (S. 8, Z. 11), andererseits auf Ausgrenzung des „Kesselvolk[s]"[1] (S. 9, Z. 22), zu dem der Schwarze Geiger zu rechnen ist. In ihrer selbstgerechten Haltung ist ihnen Fürsorge gegenüber Benachteiligten völlig fremd, was sich darin zeigt, dass sie sich nicht um mögliche Ansprüche des Schwarzen Geigers auf den mittleren Acker kümmern.

Abgrenzung und Ausgrenzung

Manz und Marti

Abgrenzung ←
von den Städtern (Seldwyla)

„Lumpenhunde zu Seldwyl" (S. 8, Z. 11)
„Steckleinspringer" (S. 8, Z. 30f.)

→ **Ausgrenzung**
der Heimatlosen (Schwarzer Geiger)

„Fetzel" (S. 9, Z. 20)
„Kesselvolk" (S. 9, Z. 22)

Ursachen
- Habgier
- Eigennutz
- Neid
- fehlendes Ehrbewusstsein

Folge:
(zunächst) starkes Zusammengehörigkeitsgefühl der Bauern

[1] Kesselvolk: Leute, die als Kesselflicker durch die Lande ziehen und so ihren Lebensunterhalt verdienen; auch als Schimpfwort verwendet

Das Spiel der Kinder

Während die Väter sich wieder an die Arbeit machen, begeben sich die Kinder Hand in Hand auf einen Streifzug durch den wilden Acker (vgl. S. 10, Z. 15ff.). Nachdem sie sich niedergelassen haben, konzentriert sich ihr Spiel auf die Zerstörung einer Puppe, die Vrenchen von zu Hause mit zum Acker gebracht hat. Es handelt sich um „eine völlig nackte Puppe mit nur einem Bein und einem verschmierten Gesicht" (S. 7, Z. 17f.), was darauf schließen lässt, dass ihr anstelle herzlicher Zuwendung rohe Gewalt widerfahren ist.

Zerstörung der Puppe durch Sali

Zuerst erhält sie von Vrenchen noch ein „Kleid" aus Unkraut und Früchten des Feldes, sodass sie „wie eine Zauberfrau" (S. 10, Z. 29) aussieht. Jäh schlägt die Stimmung jedoch ins Gegenteil um, als Sali die Puppe mit einem Stein trifft und anschließend wild in der Luft umherwirbelt, bis Kleiekörner aus dem verbliebenen Bein der Puppe herausrieseln (vgl. S. 11, Z. 2ff.).

Gemeinsames Zerstörungswerk

Nur vorübergehend dominieren Streit, Schmerz und Tränen die Szenerie, dann aber versöhnen sich die Kinder wieder und Vrenchen beteiligt sich selbst an dem Zerstörungswerk (vgl. S. 11, Z. 37ff.). Es gipfelt im Vergraben des abgerissenen Puppenkopfes, in dem eine lebendige Fliege eingeschlossen ist (vgl. S. 12, Z. 14ff.). Erschöpft widmen sich die Kinder anschließend dem gegenseitigen Zähnezählen, worüber sie schließlich einschlafen (vgl. S. 13, Z. 1ff.).

Vorausdeutende Anspielungen und Symbole … auf die künftige Liebe

… auf kommendes Unheil

Während das Zähnezählen und der gemeinsame Schlaf der Kinder eine tiefe Vertrautheit andeuten und auch die künftige Liebe zwischen den beiden schon erahnen lassen, gibt es eine Reihe von Andeutungen, die auf kommendes Unheil vorausdeuten: Der spielerische Streit um die Puppe etwa nimmt den handfesten Rechtsstreit um den Acker auf symbolischer Ebene vorweg, die Zerstörung der Puppe die Eskalation von Gewalt im Verlauf der Novelle. So könnte man beispielsweise Salis Gewalttat an Vrenchens Vater (vgl. S. 49, Z. 28f.) hier im Symbol dargestellt sehen. Die wie-

Geflecht von Vorausdeutungen im Spiel der Kinder

Textzitat	Hinweis auf	**Liebe, Unheil, Tod**
Abstellen des Fuhrwerks im Schutz der jungen Linden (vgl. S. 10, Z. 14 ff.)	⇒	Linde (als Zentrum des Dorfes): Treffpunkt für Brautschau und für das Dorfgericht
Streifzug durch den wilden Acker (vgl. S. 10, Z. 16)	⇒	Acker als Streitauslöser
„Hand in Hand" (vgl. S. 10, Z. 20), „verschlungene Hände" (S. 10, Z. 21)	⇒	Verbundenheit der Liebenden
rote Mohnblume auf dem Puppenhaupt (vgl. S. 10, Z. 26 ff.), rote Beerchen (Halsband, Gürtel) (vgl. S. 10, Z. 31 f.)	⇒	Rot: Farbe der Liebe, des Unheils, des Todes Mohn: Vergänglichkeit
Herunterwerfen der Puppe durch einen Stein (vgl. S. 10, Z. 34 ff.)	⇒	Gewalttat Salis gegen Marti
Puppe nackt und bloß (vgl. S. 11, Z. 3)	⇒	Verlust von Hab und Gut, finanzieller Ruin
„der wilde Junge" (S. 11, Z. 4)	⇒	zunehmende Leidenschaft füreinander
gemeinsame Zerstörung und Zerlegung der Puppe (vgl. S. 11, Z. 4 – S. 12, Z. 34 f.)	⇒	Eskalation von Gewalt (z. B. Rechtsstreit, Brückenszene)
Einsperren der Fliege im Puppenkopf (vgl. S. 12, Z. 16 ff.)	⇒	Schwachsinn Martis
Begraben des Puppenkopfes samt eingesperrter Fliege (vgl. S. 12, Z. 29 ff.)	⇒	Verschweigen der Gewalt gegen Marti, Todeslager der Liebenden
Zähnezählen (vgl. S. 13, Z. 9 ff.), gemeinsamer Schlaf (vgl. S. 13, Z. 30)	⇒	intime Verbundenheit
Novellenhandlung		**Zweite Sinnebene**

derholt erwähnte „rote Mohnblume" (S. 10, Z. 26 und S. 12, Z. 22) auf dem Puppenkopf, vom Erzähler ahnungsvoll als „weissagende[s] Haupt[...]" (S. 12, Z. 23) bezeichnet, deutet ebenso auf drohendes Unheil hin wie die darin eingesperrte Fliege (vgl. S. 12, Z. 16ff.). Nicht zuletzt verweist das Begräbnis des Puppenkopfes samt seinem lebendigen Inhalt auf das Todeslager der Liebenden am Novellenende.

Fazit: Zerstörung des Idylls

Nicht nur das Gespräch der Bauern führt zu einer Unterhöhlung des eingangs skizzierten Idylls, sondern auch das Spiel der Kinder, das reich an Andeutungen ist und auch von übersinnlichen und schicksalshaften Elementen durchzogen ist (vgl. z. B. „Zauberfrau", S. 10, Z. 29, „weissagende[s] Haupt[...]", S. 12, Z. 23).

Abschluss der Feldarbeit

In der Zwischenzeit haben die Bauern ihr Tagwerk vollendet. Doch bevor sie nach Hause gehen, pflügen beide von dem Brachacker, der ihre Felder trennt, jeweils eine breite Furche weg und vergrößern so ihren eigenen Besitz. „Kraut und Steine" (S. 13, Z. 39), die Zeichen der Unfruchtbarkeit und der Verrohung, werden jedoch nicht beseitigt. Beiden Bauern entgeht zwar das unrechtmäßige Pflügen des jeweils anderen nicht, aber sie wahren die friedliche Fassade der Gemeinsamkeit (vgl. S. 14, Z. 9f.).

Andeutung im Erzählerkommentar

Der Erzählerkommentar am Ende des Abschnitts mit dem Zitat „was er webt, das weiß kein Weber"[1] (S. 14, Z. 14) macht im Zusammenhang mit dem unrechtmäßigen Pflügen und der symbolischen Anspielung auf die Verrohung der Bauern deutlich, dass ein Streit zwischen den Bauern um den Brachacker vorprogrammiert ist.

Fazit: Verwilderung von Mensch und Natur

Von Anfang an durchzieht das Leitmotiv der Verwilderung die Novelle. Nicht nur der Brachacker, „das verwilderte

[1] Zitat aus Heinrich Heine, „Jehuda ben Halevy" – Das Bild erinnert an die Parzen (= Schicksalsgöttinnen) der griechischen Mythologie und ist frei zu übersetzen mit: „Die Wege Gottes sind unergründlich."

Wesen" (S. 8, Z. 19), der von „Kraut und Steine[n]" (S. 13, Z. 39) gezeichnet ist, und mit ihm die Verwilderung der Natur werden thematisiert, sondern auch die Verwilderung der Menschen, exemplifiziert am Schwarzen Geiger mit seinem Kesselvolk (vgl. S. 9, Z. 8ff.) und – andeutungsweise – im Verhalten der beiden Bauern, die sich am Ende dieses ersten Abschnitts jeweils ein Stück des „wilden Acker[s]" (S. 10, Z. 16) zu eigen machen.

Die Anfangsszene: Idealbild unbeschwerten Landlebens mit störenden Elementen

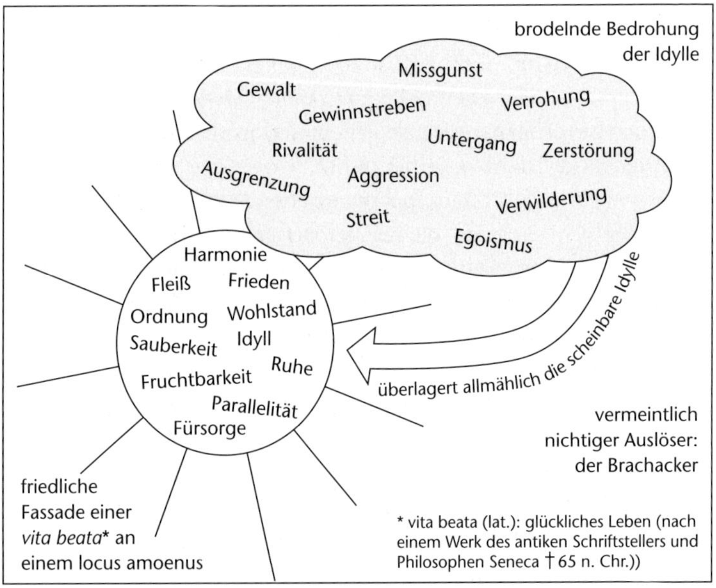

Der Streit der Bauern und seine Folgen

Der Prozess der unrechtmäßigen Besitzaneignung durch beide Bauern setzt sich fort und wird sichtbar durch einen immer größer werdenden Steinhaufen auf dem Brachacker (vgl. S. 14, Z. 21 ff.). Auch Sali und Vrenchen, die nicht mehr die unbedarften Kinder von einst sind, sehen einander nur mehr gelegentlich. Zuerst ist es der „wilde[...] Steinkamm" (S. 15, Z. 4) auf dem Brachacker, der die beiden Familien allmählich voneinander trennt, dann der Streit um eben diesen Acker, der sie entzweit.

Der Rechtsstreit um den Brachacker

Fortschreiten der unrechtmäßigen Besitzaneignung

Schließlich kommt es zur Versteigerung des verwilderten Ackers, bei der neben einer Reihe von „Gaffer[n]" (S. 16, Z. 5), die von eigenen Kaufabsichten Abstand nehmen (vgl. S. 15, Z. 21 ff.), als einzige Kaufinteressenten Manz und Marti anwesend sind. Manz gelingt es, seinen Mitbewerber – trotz der Vereinbarung, den Preis des Ackers nicht zu hochtreiben zu wollen (vgl. S. 8, Z. 27 f.) – zu überbieten, und er bekommt den Acker zugeschlagen (vgl. S. 16, Z. 3 f.).

Versteigerung des Ackers

In dem darauf folgenden Gespräch fordert er von Marti mit deutlichen Worten die Rückgabe eines ganzen Dreiecks, das dieser vor einiger Zeit am unteren Ende des Ackers abgeschnitten habe (vgl. S. 16, Z. 13 ff.). Diese Forderung und damit der Ausbruch egoistischer Kräfte, die sich lange angestaut haben, sind es, die den nun folgenden langwierigen und für beide Parteien kostspieligen Rechtsstreit auslösen. Marti nämlich ist nicht bereit, die „ungehörige Einkrümmung" (S. 16, Z. 20) zu seinen Lasten zu begradigen: Der aufmerksame Leser hört aus dem Wortspiel „ordentliche grade Art" (S. 16, Z. 31) vs. „krumme[r] Zipfel" (S. 17, Z. 2) auch eine moralische Komponente heraus, die das Tun der Bauern als fragwürdig abqualifiziert.

Manz' Rückforderung eines Ackerdreiecks

Es bleibt nicht bei feindseligen Blicken zwischen den Bauern: Am nächsten Tag, als beider Kinder gemeinsam mit anderen Helfern „mit großem Jubel" (S. 18, Z. 10) das Gestrüpp auf dem ersteigerten Acker jäten und „diese[n]

Urbarmachen des Brachackers

herrliche[n] Tag" (S. 18, Z. 25) in ungewohnter Tätigkeit genießen, wird das „Freudenfest" (S. 18, Z. 13) jäh durch das Herannahen der Väter beendet. Manz verscheucht die vergnügte Gesellschaft von seinem Acker und Marti bestraft seine Tochter brutal mit „einige[n] Ohrfeigen" (S. 19, Z. 1), die als erste Anzeichen für die Persönlichkeitsveränderung der beiden Väter als Folge der Auseinandersetzung um den Acker zu werten sind.

Die Steinpyramide als realer Auslöser des Rechtsstreits

Am nächsten Tag lässt Manz all die Steine, die sich im Laufe der Jahre auf dem Brachacker angehäuft haben, sammeln und auf dem strittigen Dreieck, das Marti immer noch für sich beansprucht, zu einer „gewaltige[n] Pyramide" (S. 19, Z. 18f.) auftürmen. Marti legt beim Gemeindevorsteher Beschwerde ein und von da an beginnt ein erbitterter Rechtsstreit.

Habgier und Eigennutz hinter einer scheinheiligen Fassade

Der Erzähler bezeichnet den Auslöser des Streits indirekt als Lappalie, indem er das umstrittene Dreieck unverhohlen einen „unbedeutenden Ackerzipfel" (S. 20, Z. 4) nennt, und führt damit den Rechtsstreit auf die rechthaberische Borniertheit zweier an sich „wohlweise[r] Männer" (S. 19, Z. 32) zurück, deren Gedanken „wie Häcksel" (S. 19, Z. 33) völlig zersplittert seien: Beide nämlich wollen auf den eigenen Vorteil nicht verzichten und das Einvernehmen, das beide lange an den Tag gelegt haben, erweist sich als eine scheinheilige Fassade, die die schwelende Rivalität beider Männer nur verdeckt hat.

Fazit: Kommentierung des Streits durch den Erzähler

Fast prototypisch basiert der Streit darauf, dass sich beide Parteien in ihrer Ehre höchst gekränkt fühlen (vgl. S. 20, Z. 15f.), und er wird, so der Erzähler, genährt von einer gewissen „Leidenschaft" (S. 20, Z. 17) für Streit, d.h. von blindem Hass und bornierter Streitsucht. Das Schicksal beider Bauern scheint es, den „Verdammten" (S. 20, Z. 19) anzugehören und „auf einem schmalen Brette einen dunklen Strom hinab[zutreiben]" (S. 20, Z. 20f.) – eine unverkennbare Anspielung auf das Schicksal ihrer Kinder am Ende der Novelle.

Der Streit um den Brachacker

Voraussetzungen:
- Übereinstimmung in Aussehen und Verhalten
- Übereinstimmung in Charakter und Gesinnung

Vereinnahmung des mittleren Ackers

Manz: still-schweigender Anspruch auf den Acker

Marti: still-schweigender Anspruch auf den Acker

Konsequenzen:
- vernichtender Streit
- Verlust von Ansehen und Wohlstand
- Niedergang der Familien

Der Niedergang der Familien

Sittenverfall und allmähliche Verarmung

Unmittelbare Folge des Rechtsstreits sind Geldverluste auf beiden Seiten, da Manz und Marti in Abhängigkeit von gewinnsüchtigen Helfern geraten und sich auf verlustreiche Glücksspiele einlassen (vgl. S. 20, Z. 23 ff. und S. 21, Z. 6 ff.). Obwohl beide schon fünfzigjährig sind (vgl. S. 21, Z. 4), nehmen sie angesichts des Streits völlig neue Charakterzüge an, die gänzlich konträr sind zu dem Bild, das der Erzähler in den Anfangsszenen von ihnen entworfen hat. Nun verkehren die Bauern in den üblen Spelunken der Stadt (vgl. S. 21, Z. 22), wohingegen sie ihre ehemals ordentliche und zuverlässige Arbeitsweise aufgegeben haben.

Parallelen im Niedergang

So kommt es, dass sie innerhalb von nur zehn Jahren (vgl. S. 21, Z. 35f.) finanziell und psychisch völlig zugrunde gerichtet sind und am gegenseitigen Hass, der „täglich größer" (S. 22, Z. 3) wird, zerbrechen. Sie finden keinen Ausweg mehr aus ihrer misslichen Lage und verrennen sich in selbstzerstörerischer Konfrontation: Es ist ein Teufelskreis, in den sie hineingeraten sind – und zwar beide gleichermaßen. Auch ihr Verfall vollzieht sich – wie ehedem ihr gemeinsames Glück – somit in offensichtlicher Parallelität.

Auswirkungen des Streits auf die Gattinnen

Anders als der soziale Abstieg von Manz und Marti, der sich im Gleichschritt vollzieht, reagieren ihre Gattinnen unterschiedlich auf die neue Lebenssituation: Während Martis Frau aus Gram über die ganze Angelegenheit stirbt (vgl. S. 22, Z. 12ff.), passt sich Manz' Gattin der veränderten Lebenssituation an und bringt ihre vorhandenen Schwächen zur Entfaltung: Ein falsches Wesen und hemmungslose Zügellosigkeit werden zu den Grundzügen ihrer Persönlichkeit und sie gilt dem Erzähler als „dickste[...] Blüte [...] des zerfallenden Hauses" (S. 23, Z. 5f.).

Vrenchens Schicksal

Die Entwicklung der Kinder wird maßgeblich beeinflusst von den Gegensätzen aufseiten der Mütter: So leidet Vrenchen, ein im Kern seines Wesens an sich fröhliches Mädchen (vgl. S. 23, Z. 22ff.), das zu einer anmutigen Schönheit herangereift ist (vgl. S. 23, Z. 14ff.), sehr unter der Situation, da sie zum einen den Tod ihrer Mutter hat hinnehmen müssen, und zum anderen fühlt sie sich „gedemütigt und gehemmt" (S. 24, Z. 4), da sie aufgrund der Armut der Familie kaum über die Mittel verfügt, sich als ein junges Mädchen von mittlerweile 16 Jahren „einigermaßen auszustaffieren" (S. 23, Z. 33f.), d.h. so attraktiv zu kleiden, dass sie bei den jungen Männern Anklang findet. Vrenchen ist zwar auf sich allein gestellt, arm und zudem voller Kummer über den Verlust der Mutter, doch trotz all der Zügel, die ihr angelegt sind, bleibt ihr lustiges und feuriges Wesen erkennbar.

Während Vrenchen um die schönen Jahre ihrer Jugend betrogen scheint, ist Sali äußerlich nichts vom finanziellen Ruin seiner Familie anzusehen. Von der Mutter verwöhnt und schick ausstaffiert, dazu gut aussehend, „ruhig und leidlich tüchtig" (S. 25, Z. 9), gleicht er nach außen seinem Vater in jungen Jahren. Doch auch ihm macht der materielle und moralische Niedergang schwer zu schaffen: Von „Scham und Kummer" (S. 24, Z. 26f.) ist die Rede, von einer geradezu trotzigen und stolzen Haltung (vgl. S. 25, Z. 4ff. und Z. 21f.), mit der er sich angesichts der Verlotterung seiner Eltern für seine düsteren Zukunftsaussichten entschädigt.

Salis Schicksal

Vrenchens anmutige Schönheit und auch Salis hübsche und kräftige Erscheinung, die vom Erzähler jeweils besonders betont werden, sind ein Spiegel ihrer inneren Reinheit und Charakterschönheit: Es gelingt ihnen scheinbar mühelos, an den Tugenden, die ihre Eltern längst verloren haben, festzuhalten, sodass sie einen offensichtlichen Gegenpol zu deren verkommener Welt bilden.

„Charakterschönheiten"

Als Kinder verfeindeter Väter begegnen sich Sali und Vrenchen zunächst nicht mehr, dennoch lässt sich nicht behaupten, dass sich die Feindschaft der Väter auch auf die Kinder überträgt. Ihnen sind der Streit und seine Ursache nahezu unbekannt und nur aus einer gewissen Familientradition heraus pflegen sie eine gewissermaßen „förmliche[...] Feindschaft" (S. 25, Z. 33), indem Sali Vrenchen nicht beachtet und diese wiederum ihm aus dem Weg geht. Die Erinnerung an die gemeinsame Kindheit ist Sali jedoch „gar nicht verhasst" (S. 26, Z. 5) – ein subtiler Hinweis auf den weiteren Novellenverlauf.

Fazit: die Kinder als Gegenpol zu den Vätern

Manz muss als Erster Haus und Hof verlassen und sieht seinen einzigen „Rettungsanker" (S. 26, Z. 19) darin, mit seiner „Gerümpelfuhre" (S. 26, Z. 27) nach Seldwyla aufzubrechen und sich dort als Wirt zu verdingen. Mit seinen letzten Talern pachtet er eine ärmliche Spelunke.

Manz' vermeintlicher „Neubeginn" in der Stadt

Aufbruch vom Land in die Stadt

Manz als Gespött der Seldwyler

Doch er, der als Bauer in seinem angestammten Tun voll aufgehen und gleichsam eins werden konnte mit der Natur, ist sich selbst entfremdet als Schankwirt, der nur „ungelenk" (S. 28, Z. 23) mit seinem neuen Werkzeug hantieren kann und nicht in der Lage ist, mit den Gästen zu kommunizieren. Er ist seiner neuen Rolle nicht gewachsen und es gelingt ihm nicht, sein Leben neu zu ordnen. Zunehmend depressiv vermisst er die „freie Weite der Felder" und findet die „engen Mauerwinkel" mit der „enge[n] Haustüre" von Tag zu Tag unerträglicher (S. 30, Z. 4 ff.). Jetzt ist er es, der von den höhnischen Seldwylern nicht nur bemitleidet, sondern auch als „Bauernwirt" (S. 27, Z. 32) verspottet wird (vs. S. 8, Z. 11 ff.: Bauern spotten über Städter).

Lächerliches Verhalten von Manz' Frau

Manz' Frau hingegen bemüht sich nach Kräften, in ungeschickter Anmut und in einer vermeintlich unwiderstehlichen Art eine gute Wirtin abzugeben (vgl. S. 28, Z. 28 ff.), doch – unfreiwillig komisch – gibt auch sie sich nur der Lächerlichkeit preis (vgl. S. 29, Z. 13 ff.) und ihre Hoffnungen auf baldigen Wohlstand (vgl. S. 26, Z. 34 f.) werden von Anfang an bitter enttäuscht. Auch wenn sie sich am Ende auf ihre alten Tugenden besinnt und ihre beiden Männer aufzurichten versucht – es ist zu spät (vgl. S. 30, Z. 24 ff.).

Bild der Armut und Verlotterung

So verlottert und verschmutzt die gepachtete Wirtsstube auch aussieht, die einer „Räuberhöhle" (S. 28, Z. 12) gleicht, sie wird zum Sinnbild der verarmten Familie Manz, die bald schon nichts mehr zu essen hat und dem Tode näher als dem Leben scheint (vgl. S. 30, Z. 23 f.). Kurz und treffend schildert der Erzähler Salis Verzweiflung angesichts der ärmlichen Umstände und des peinlichen Verhaltens seiner Eltern: Er weint in dem dunklen Loch (vgl. S. 29, Z. 30).

Fazit: Herauskristallisieren von unterschiedlichen Schicksalen

Damit zeichnet der Erzähler ein ausführliches Bild des Niedergangs der Familie Manz, wohingegen das Schicksal von Marti und seiner Tochter Vrenchen nur mit blassen Strichen als Leben in einem „wackeligen Königreich" (S. 26,

Z. 11) skizziert wird, in dem das Mädchen „wie ein Haustierchen" (S. 26, Z. 12f.) gehalten wird, das nur arbeiten, nicht aber etwas verbrauchen darf. Die Parallelität der Entwicklung der beiden Bauern wird zwar noch nicht aufgegeben – beide vermögen ihr Leben nicht neu zu ordnen –, doch allmählich kristallisieren sich Individuen mit unterschiedlichen Schicksalen heraus.

Die Begegnung der Bauern am Fluss

Der Väterstreit

Fischerei am Fluss

Marti und Manz verlegen sich schließlich wie alle gescheiterten Existenzen aus Seldwyla auf das Angeln. Getrieben von Not und Langeweile gesellen sie sich in Begleitung ihrer Kinder zu all den „wunderlichen Heiligen" (S. 32, Z. 5f.) an den Bächen und Flüssen, über die sie einst als Bauern noch verächtlich gespottet hatten. Nun gehören sie selbst zu den Außenseitern der Gesellschaft (vgl. S. 31, Z. 33ff.).

Untergangssymbolik

Der durch das Adjektiv „wunderlich" ins Gegenteil verkehrte Vergleich mit Heiligen und die Tatsache, dass Manz am Fluss als ein „eigensinnige[r] Schatten der Unterwelt" (S. 32, Z. 9f.) beschrieben wird, offenbaren, dass die heile Welt der Bauern völlig aus den Fugen geraten ist und sie dem Untergang geweiht sind. Auch ihr Aufenthaltsort am Ufer des Flusses ist von nicht geringerer Symbolkraft: Er bzw. sein Wasser steht nicht nur für den ökonomischen Ruin der Bauern, sondern auch für den Verlust jeder sozialen und psychischen Stabilität; sie haben gleichsam (festen) Boden unter den Füßen verloren.

Verbaler Schlagabtausch

Wie nicht anders zu erwarten, begegnen sich die verfeindeten Bauern eines Abends in der Schwüle eines heraufziehenden Gewitters ebendort am Fluss, als sie auf den gegenüberliegenden Uferseiten einen Platz zum Angeln suchen. Obwohl diese unverhoffte Begegnung nach langer Zeit, am Treffpunkt der bankrotten Seldwyler, beiden Bauern das Unglück des jeweils anderen deutlich machen müsste, erkennen sie aufgrund wechselseitiger Ignoranz nicht die Gemeinsamkeit des Schicksals. So kommt es zu

Landschaft mit Gewitterstimmung

einem innerhalb des epischen Werks nahezu szenisch wirkenden verbalen Schlagabtausch mit wüsten Beschimpfungen und Beleidigungen auf beiden Seiten, die angesichts des nahenden Gewittersturms (vgl. S. 33, Z. 13ff.) immer stärker vorgetragen werden. Der Leser spürt, dass eine Eskalation bevorsteht – „wie [...] Tiger" (S. 33, Z. 19) lauern die Todfeinde einander auf.

Retardierendes Moment

Doch noch entlädt sich die aufgestaute Aggression nicht in Gewalt, vielmehr rückt der Erzähler die beiden Kinder ins Zentrum seiner Darstellung: Vrenchen blickt „beschämt und verwirrt" (S. 34, Z. 4f.) zu Boden und schreitet „verlegen und demütig" (S. 34, Z. 7) hinter ihrem Vater her, während Sali „neugierig und verwundert" (S. 33, Z. 28) zu Vrenchen hinüberblickt und dennoch innerlich „bekümmert" (S. 34, Z. 3) ist. In auffälliger Dichte häuft der Erzähler in dieser Passage Adjektivpaare, um die Gemütsverfassung der Kinder zu beschreiben.

Eskalation in Gewalt

Es kommt zur Schlägerei zwischen Manz und Marti, den „verwilderten Männer[n]" (S. 34, Z. 14) – mitten auf einem schmalen Holzsteg, einer „schwankende[n] Brücke" (S. 34, Z. 16), die über den Bach führt und in ihrer Symbolkraft auf die Situation der entwurzelten Bauern verweist. Eben in dem Moment, als Zorn und Kummer in rohe Gewalt münden, setzen auch Blitz, Donner und Regen ein (vgl. S. 34, Z. 11 ff.).

Erzähler-kommentar: Beispiellosigkeit des Kampfes

Neben der Wettersymbolik (s. u.) unterstreicht auch ein Kommentar des Erzählers den besonderen Stellenwert dieser Szene: Durch einen steigernden Vergleich („harmlose Spielerei" vs. „tiefe[s] Elend", S. 34, Z. 23 f.) wird die Beispiellosigkeit des entwürdigenden Kampfes zweier „ergraute[r] Männer" (S. 34, Z. 29) hervorgehoben. Ein insgesamt höheres Sprachniveau, erkennbar insbesondere an der hypotaktischen Satzstruktur, kennzeichnet die schonungslose Wertung des aus der Distanz heraus urteilenden Erzählers.

Eingreifen der Kinder

Als sich die beiden Kämpfenden gegenseitig von der Brücke zu stoßen versuchen und Manz seinen Widersacher gar umzubringen droht (vgl. S. 35, Z. 4 f.), greifen Sali und Vrenchen beherzt in den „erbärmlichen Auftritt" (S. 35, Z. 2) ihrer Väter ein. Eben noch möchte Sali mit dazu beitragen, dem verhassten Marti „den Garaus zu machen" (S. 35, Z. 4 f.), als er plötzlich „[u]nwillkürlich" (S. 35, Z. 12 f.), wie von einer unsichtbaren Macht gelenkt, den eigenen Vater vom Gegner wegzuzerren versucht. Dass Vrenchens flehender Blick (vgl. S. 35, Z. 10 f.) der eigentliche Auslöser für seinen Gesinnungsumschwung ist, wird dem Leser sofort klar, als die beiden Kinder bei der „Rettungsaktion" einander in einer „dichten" Berührung näher kommen, Vrenchen Sali dann anlächelt und dieser wiederum Vrenchens vertrautes, nun noch schöner gewordenes Gesicht erkennt (vgl. S. 35, Z. 18 ff.).

Aufhellung des Himmels

Erneut wird im Naturgeschehen die Situation gespiegelt: Ebenso wie zuvor das Gewitter den Väterstreit in all seinen Phasen nachgezeichnet hat, ist nun der aufreißende Himmel (vgl. S. 35, Z. 20f.) das Zeichen der aufkeimenden Liebe zwischen Sali und Vrenchen. Damit wird die Natur zum Spiegel der inneren Gestimmtheit der Figuren und unterstützt so die Eindringlichkeit des Geschehens.

Emotionale Erschütterung der Väter

Der Faustkampf zwischen Manz und Marti steigert sich am Ende nahezu bis zum gegenseitigen Mordversuch (vgl. S. 35, Z. 4f.). Dass er jedoch auch eine reinigende Wirkung für die beiden Männer hat, zeigt sich darin, dass sich all die zerstörerischen und mitunter auch selbstzerstörerischen Affekte in Tränen entladen (vgl. S. 36, Z. 5f.). Der Erzähler spiegelt das Geschehen erneut in einer auffälligen Parallele zu den sich öffnenden Schleusen des Himmels (vgl. S. 36, Z. 1f.). Jede Form der Aggressivität weicht nun endgültig stiller Verbitterung.

Peripetie: Beginn der Liebeshandlung

Die Kinder hingegen reagieren „still wie der Tod" (S. 35, Z. 33f.) und kaum atmend auf das Kampfgeschehen – nicht nur beeindruckt von der Aggressivität ihrer Väter, sondern auch übermannt von dem aufkeimenden Gefühl der Liebe: Im Moment höchster emotionaler und körperlicher Anspannung verlieben sie sich ineinander. Damit schlägt am Höhepunkt der Brückenszene analog zur Peripetie[1] im antiken Drama das Schicksal um: Gewalt in seiner rohsten Form wird abgelöst durch die einsetzende Liebeshandlung.

Negative Vorausdeutungen

Stutzig werden lässt den Leser dabei der überraschende Vergleich mit dem Tod, der auf das Novellenende verweisen könnte. Ebenso deuten die „Hände [der Kinder], welche vom Wasser und von den Fischen feucht und kühl waren" (S. 35, Z. 35f.), den Liebestod im Wasser an.

Märchenmotiv

Sali spürt auf dem Rückweg weder Sturm noch Regen. Er schwelgt in glückseliger Erinnerung an Vrenchens hübsches Gesicht (vgl. S. 36, Z. 12ff.) und fühlt sich „so reich und wohlgeborgen wie ein Königssohn" (S. 36, Z. 11f.).

---

[1] Peripetie: „Umschlag des Glücks", d.h. Wendepunkt im antiken bzw. klassischen Drama

Dieser dem Märchen entlehnte Vergleich steht für seinen inneren Reichtum, für die Reinheit und Intensität seines Gefühls von Liebe und das Idyll einer beginnenden Romanze, das zumindest in den ersten Augenblicken glückseliger Verliebtheit noch nicht von dunklen Wolken überschattet wird.

Szene mit dramenartigem Aufbau

Dass der auktoriale Erzähler in dieser Szene als allwissende Instanz, die das Geschehen mit souveränem Überblick vermittelt, deutlich Hand angelegt hat, zeigt sich auch daran, dass die Brückenszene in ihrem Aufbau an die klassische Tragödie mit einem deutlichen Höhe- bzw. Wendepunkt erinnert. Allerdings steuert die fallende Handlung nicht auf die Katastrophe zu, sondern mündet in die Liebe der Kinder.

Erzählerische Besonderheiten

Die Zeitstruktur des Textes ist sehr abwechslungsreich gestaltet: Neben raffenden Passagen fallen vor allem diejenigen von nahezu zeitdeckendem Erzählen (z. B. Beschreibung des Blickwechsels zwischen Sali und Vrenchen) ins Auge. Analog dazu wechseln Innen- und Außensicht sowie szenische, beschreibende bzw. berichtende Darstellungsweise. Gottfried Keller lässt seinen Erzähler also alle Register der Erzählkunst ziehen, um diese markante Stelle innerhalb des Gesamttextes hervorzuheben.

Fazit: Höhepunkt und Wendepunkt

Insgesamt nämlich stellt die Brückenszene in Bezug auf den gesamten Verlauf der Novelle sowohl einen Höhepunkt als auch einen Wendepunkt dar. Die in den vorangehenden Kapiteln hervortretende Konstellation spitzt sich im Aufeinandertreffen der vier Personen zu und gipfelt in einer Schlägerei, die den Höhepunkt des Väterstreits darstellt. Gleichzeitig beginnt die Liebeshandlung der Kinder. Einander kontrastiv gegenübergestellt werden somit zwei Paare, deren Beziehung sich in gegenläufiger Tendenz entwickelt.

Die Brückenszene als Kristallisationspunkt des Novellengeschehens

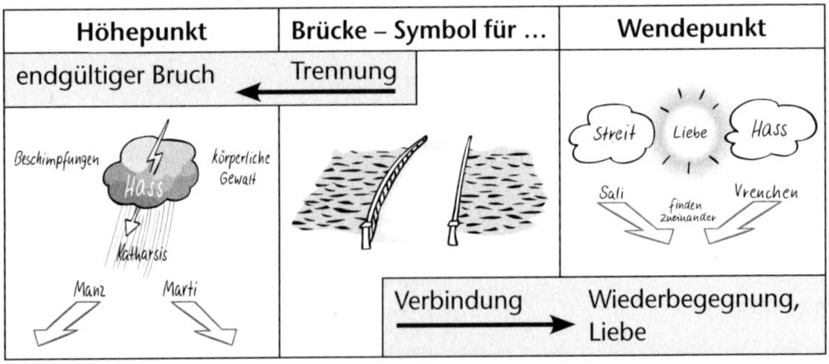

Salis und Vrenchens Zusammentreffen

Salis Sehnsucht nach Vrenchen

Salis Gefühlstrunkenheit

Im Gegensatz zu seinen Eltern, die nach dem Vorfall am Fluss wie gelähmt sind und von unruhigen Tagträumen geplagt werden, sieht Sali die Welt nun mit den Augen der Liebe. Er denkt unentwegt an Vrenchen und ist trunken von nicht enden wollender Glückseligkeit. In seiner Verliebtheit nimmt er seine eigene bedrückende Situation und das Fehlen jeglicher Zukunftsperspektiven gar nicht mehr wahr: Er fühlt sich „reich" (S. 36, Z. 35), glaubt, im Besitz von Können und Wissen zu sein (vgl. S. 37, Z. 1 f.), und ist „weder müßig noch unglücklich, weder arm noch hoffnungslos" (S. 37, Z. 14 f.). Mit diesen negierten Adjektivpaaren lässt der Erzähler deutlich werden, dass für Sali eine neue Zeitrechnung angebrochen ist, die ihm wie ein Geschenk des Himmels (vgl. S. 37, Z. 4) vorkommt.

Salis Bild von Vrenchen

Was ihm jedoch bei aller Gefühlstrunkenheit nicht gelingt, ist, sich Vrenchens Gesicht und Gestalt im Geiste vorzustellen. Da er nur ihr Kindergesicht, nicht aber das der jungen Frau richtig imaginieren kann und all seine Erinnerungskräfte „versag[…]en" (S. 37, Z. 35), verlässt er – wie von einer unsichtbaren Macht gelenkt – mehr unbewusst als mit Vorsatz die Stadt in Richtung alte Heimat, um das Mädchen zu sehen. In seiner Euphorie erscheint ihm sein Heimatdorf wie ein „himmlisches Jerusalem" (S. 38, Z. 5) – ein Vergleich, mit dem der Erzähler auf die Offenbarung des Johannes anspielt, in der Jerusalem „aus dem Himmel herab[fährt], bereitet wie eine geschmückte Braut ihrem Manne"[1].

Der Verfall von Martis Anwesen

Begegnung mit Vrenchens Vater

Als Sali unterwegs zufällig Marti begegnet, kommen die Verwilderung und die näheren Umstände, unter denen dieser lebt, genauer zur Sprache. Marti wird als „recht böser verlorener Bauersmann" (S. 38, Z. 11 f.) charakterisiert, der „andern Übles zuzufügen" (S. 38, Z. 13) gewohnt ist. Sein einst so „wohlrasierte[s]" (S. 6, Z. 3 f.) Gesicht ist „wild und liederlich", sein Bart „nicht geschoren" (S. 38, Z. 9 ff.). Weniger finanzielle Verschuldung als vielmehr schuldhafte Verstrickung (vgl. S. 38, Z. 12 f.) scheint nach den Worten des Erzählers für seinen Zustand verantwortlich.

Der verfallene Hof

Ein deutliches Symptom von Martis charakterlicher „Verwilderung" ist auch der Zustand seines verkommenen Anwesens, das der Leser aus Salis Perspektive wahrnimmt: Es ist eine verwahrloste „Wüstenei" (S. 38, Z. 30), die sich vor den Augen des Jungen auftut und die ihm kurzzeitig wie ein Spiegel seines eigenen Schicksals erscheint (vgl. S. 38, Z. 28 f.). Martis Acker gleicht dem ungepflegten Brachacker, der alles Unheil ausgelöst hat (vgl. S. 39, Z. 17 f.). Ebenso „Sinnbild [seiner] Faulheit" (S. 39, Z. 32) sind Haus und Hof, die verlassen und verwildert sind. Immer wieder vergleicht der Erzähler das, was Sali vorfindet, mit seinem früheren Zustand, als Martis Tüchtigkeit noch ordnungsstiftend gewirkt hatte und seine Lebensweise noch nicht von der bäuerlichen Lebensordnung entartet war (z. B. S. 39, Z. 23 ff. und S. 40, Z. 18 ff.).

Nähe zu Verwesung und Tod

Auf der sprachlichen Ebene zeigt der Verfall der ursprünglichen Ordnung eine Nähe zu Verwesung und Tod (vgl.

[1] Neues Testament, Offenbarung des Johannes 21, Vers 2

S. 39, Z. 15). Mit Ausnahme des Brunnenwassers, das durch Risse am Boden dringt, wird der Hof als völlig leblos beschrieben (vgl. S. 39, Z. 26ff. und S. 40, Z. 30).

Reinheit und Lebensmut

In dieser Szenerie der Verwilderung und Verelendung ist der Kontrast zu Vrenchens Tun und Wirken umso deutlicher: In ihrer Anmut und Reinheit (vgl. S. 40, Z. 11) widersetzt sie sich dem Verfall und versucht, ihm mit ungebrochenem Lebensmut sogar noch etwas abzugewinnen, indem sie beispielsweise die zerbrochenen Scheiben poliert (vgl. S. 40, Z. 9f.). „[L]ustig" (S. 40, Z. 24) ranken die Bohnen eine Leiter empor – ein Adjektiv, das doch eher zu Vrenchens Gemütsverfassung zu passen scheint.

Erstes Gespräch der Liebenden

Das erste Zusammentreffen der Liebenden verläuft sehr emotional, es fließen spontan Tränen der Rührung (vgl. S. 41, Z. 15). Der Wortwechsel jedoch, der sich zwischen ihnen entspinnt, ist überschattet vom Streit der Väter (vgl. S. 41, Z. 28ff.). Während Sali seine Hoffnung, das von den Vätern verursachte Elend durch die eigene Liebe überwinden zu können (vgl. S. 41, Z. 23ff.), offen ausspricht, prophezeit Vrenchen: „Es wird nie gut kommen" (S. 41, Z. 25). Sie weigert sich zwar vehement, Sali in ihr Haus einzulassen, schlägt aber ihrerseits eine Verabredung für den Abend vor, und zwar am Ort ihrer gemeinsamen Kindheit, auf dem strittigen Acker.

Fazit: ein Funken bürgerlicher Glückserwartung

Auch wenn die Feindschaft der Väter der Liebe der Kinder von vornherein im Weg steht, hängt an der kümmerlichen Randexistenz des alten Marti, der ja im Gegensatz zu Manz immerhin noch im Besitz eines Hauses auf dörflichem Grund ist, ein Funken bürgerlicher Glückserwartung. Als Heimat- und Besitzloser nämlich bliebe Vrenchen eine Eheschließung versagt.

Begegnung mit dem Schwarzen Geiger

Spaziergang zweier Verliebter

In stiller Glückseligkeit (vgl. S. 42, Z. 34) spazieren Sali und Vrenchen am Feldrand bis zum Fluss hinunter und wieder herauf, und zwar in der „prächtige[n] stille[n] Julisonne" über dem „reife[n] wallende[n] Kornfeld" am „glänzende[n] blaue[n] Fluss" (S. 42, Z. 17ff.). Einmal mehr versteht es Keller, die Handlung, hier das erste Rendezvous zweier Verliebter, in der Harmonie des Naturgeschehens zu spiegeln. Daneben gebraucht er auch einen bereits im Zusammenhang mit den Vätern verwendeten Vergleich, und zwar zwischen Menschen und Himmelskörpern. So wie einst die Pflugzüge der Väter dem Auf- und Niedergehen der Gestirne geglichen hatten, so tun es jetzt die Spazierwege ihrer Kinder. Was sich bei den Vätern bereits als Trugbild entlarvt hatte, wird von den Kindern neu gelebt.

Auftauchen des Schwarzen Geigers

Doch während sie noch harmonisch mit ihrer Umgebung zu verschmelzen scheinen und – ähnlich wie eingangs die Väter – wie ein fester Bestandteil der unumstößlichen natürlichen Ordnung wirken, taucht unvermittelt der Schwarze Geiger vor ihnen auf. Auf seltsame Weise von ihm in seinen Bann gezogen (vgl. S. 43, Z. 24ff.), folgen sie ihm, der mit seiner Geige unterm Arm unterwegs ins Dorf zu einem Erntefest ist (vgl. S. 45, Z. 6), unwillkürlich nach. Fast wären sie unbemerkt geblieben, doch als sie den Steinhaufen auf dem strittigen Ackerzipfel erreichen, wendet sich der Schwarze Geiger den Kindern unvermittelt zu – von der Steinpyramide wie von einer Kanzel herab.

Der Schwarze Geiger als rechtmäßiger Ackerbesitzer

Er macht ihnen deutlich, dass er um ihre familiäre Herkunft weiß, klagt sie indirekt an für den an ihm vollzogenen Frevel, äußert sich schadenfroh über das Schicksal ihrer Väter (vgl. S. 44, Z. 24ff.) und prophezeit Sali und Vrenchen den baldigen Tod (vgl. S. 44, Z. 7f.). Mit diesen unverhohlenen Worten läutet Keller den Umschlag der Liebeshandlung ein: Die Kinder reagieren mutlos und betrübt, ihre Heiterkeit verdunkelt sich und „ihre Gemüter w[e]rden so schwer wie Steine" (S. 45, Z. 15f.) – ein Vergleich, den Keller angesichts des Ackers als „Stein des Anstoßes" sicherlich nicht zufällig wählt.

Die Farben Rot …

Keller, der Landschaftsmaler, gestaltet die Szene ganz plastisch in verschiedenen Signalfarben aus: Zum einen taucht ein gefährliches „[F]euerrot" (S. 43, Z. 31) in Gestalt von leuchtenden Mohnblumen und Klatschrosen auf, die dem Steinhaufen auf dem strittigen Acker ein auffallendes Juligewand verleihen. Doch es ist weniger ein „gesundes" Rot, sondern ein Leuchtsignal für den begangenen Frevel.

… und Schwarz

Ganz im Gegensatz dazu wird der Schwarze Geiger, der die Farbe Schwarz gleichsam als „Epitheton ornans"[1] im Namen trägt, skizziert: schwarzer Hut, schwarzer Kittel, schwarzes Haar, schwarzes Gesicht, eine Nase zum Erschrecken (vgl. S. 43, Z. 11 ff. und S. 44, Z. 10) – kurz: ein „unheimliche[r] Geselle[…]" (S. 43, Z. 26, vgl. auch S. 44, Z. 17), ein „dunkle[r] Stern" (S. 43, Z. 5) und damit die Negation all dessen, was ein Gestirn ausmacht. Schwarz ist er zum einen, weil er sich mit einfachen Arbeiten wie Kesselflicken und Kohlebrennen (vgl. S. 43, Z. 17) über Wasser hält und daher dem sogenannten „Kesselvolk" der Heimatlosen angehört. Schwarz ist er aber auch, weil er mit seinem schreckbaren Aussehen und seiner unheimlichen Ausstrahlung die Personifizierung allen Unrechts, das ihm als Angehörigen einer sozialen Randgruppe durch das habgierige Verhalten von Manz und Marti zuteilwurde, darstellt.

Fazit: ein dunkles Zwischenspiel

So schnell wie der Schwarze Geiger in die vermeintlich heile Welt Salis und Vrenchens hereinbricht und sie an die Schuld ihrer Väter erinnert, so schnell verschwindet er wieder und ebenso schnell stellt sich wieder verliebte Heiterkeit (vgl. S. 45, Z. 21) ein. Die „trüben Wolken" (S. 45, Z. 23), die mit dem Erscheinen des Schwarzen Geigers und seiner Anklage gegen die Kinder, die er sozusagen in „Sip-

[1] Epitheton ornans („schmückendes Beiwort"): Hinzufügen eines im Satzzusammenhang nicht unbedingt erforderlichen Attributs, meist um eine Individualisierung, Charakterisierung oder Bewertung auszudrücken

penhaft" nimmt, aufgezogen waren, verflüchtigen sich vorerst noch einmal.

Umschlag der Liebeshandlung in Entsetzen

Vor allem Vrenchen fängt sich rasch wieder und ihrer mitreißenden Fröhlichkeit kann auch Sali nichts mehr entgegensetzen. Er erfreut sich an Vrenchens Schönheit und gesteht ihr seine unerschütterliche Liebe, die das Mädchen ebenso heftig erwidert. Unter zärtlichen Liebkosungen und albernen Neckereien entwickelt sich ein längeres Gespräch – von den Keimen ihrer Liebe in ihrer Kindheit bis hin zum gegenseitigen Zähnezählen (vgl. S. 46, Z. 8ff.). Alle sich angesichts des Schauplatzes aufdrängenden Kindheitserinnerungen unterstreichen das Gefühl gegenseitiger Vertrautheit und erzeugen ein regelrechtes Liebesidyll fern der feindlichen Außenwelt.

Liebesidyll

Kindheitserinnerungen

Als die Stimmung kulminiert – Vrenchen trägt einen Kranz aus roten Mohnrosen im Haar (vgl. S. 47, Z. 13) –, verlegen sie den Schauplatz ins Kornfeld, in „einen engen Kerker in den goldenen Ähren, die ihnen hoch über den Kopf ragten, als sie drin saßen, sodass sie nur den tiefblauen Himmel über sich sahen und sonst nichts von der Welt" (S. 47, Z. 24ff.). Die Farben Blau und Gold sind hier Ausdruck der friedlichen Ausgeglichenheit von Natur und Seele, der „Kerker" symbolisiert Geborgenheit, aber auch Ausgegrenztheit.

Liebesidyll im Kornfeld

Auffällig umrahmt wird diese Szene von der Erwähnung zweier Vogelarten, die in der Literatur seit jeher oft mit Liebeshandlungen in Verbindung gebracht werden: Der „Gesang einer Nachtigall" (S. 45, Z. 33), mit dem Sali Vrenchens Lachen vergleicht, läutet das Geschehen im Liebesnest ein, der Gesang der Lerchen (vgl. S. 47, Z. 32ff.), denen sie gemeinsam am Firmament nachspüren, begrenzt die Zeit der idyllischen Zweisamkeit. Letztere künden in der Literatur häufig vom Tag und beenden die Nacht. Die Verliebten selbst verhalten sich „wie die jungen

Nachtigall und Lerche als Symbolträger

Wachteln im Neste" (S. 48, Z. 7) und komplettieren somit Kellers symbolisches Repertoire.

Anklänge an Shakespeare

Nicht zu überhören sind auch Anklänge an die Vorlage von Shakespeare, wo Julia mit den Worten „Willst du schon gehen? Der Tag ist ja noch fern./Es war die Nachtigall, und nicht die Lerche,/Die eben jetzt dein banges Ohr durchdrang" ihren Romeo zum Bleiben überreden will.[1]

Schlag gegen Marti

Andeutung eines Stimmungsumschwungs

Als Sali und Vrenchen mit dem Gedanken spielen, einmal Mann und Frau sein zu können (vgl. S. 48, Z. 32f.), verdüstert sich die Stimmung; angesichts der Feindschaft der Eltern erscheint ihnen ihre Zukunft recht „hoffnungsarm[...]" (S. 48, Z. 37). Das plötzliche Erscheinen Martis, der die Liebenden von Misstrauen geleitet, „aus Groll und unbeschäftigter Bosheit" (S. 49, Z. 6f.) vor dem Kornfeld überrascht, zerstört das Idyll vollends.

Martis Aggressionen gegen die Kinder

Völlig entfesselt stürmt der „wilde[...] Mann" (S. 49, Z. 22f.) gegen die Kinder: Er beginnt, Sali zu würgen, vor allem aber entlädt sich seine Wut in Aggressionen gegen die eigene Tochter (vgl. S. 49, Z. 24ff.), die er derart heftig misshandelt, dass der Mohnkranz herabfällt.

Salis Affekthandlung

Blitzschnell reagiert Sali und schlägt Marti mit einem Stein nieder – „halb in Angst um Vrenchen und halb im Jähzorn" (S. 49, Z. 29f.). Marti sinkt in Bewusstlosigkeit zu Boden – bezeichnenderweise auf den anstößigen Steinhaufen (vgl. S. 49, Z. 31). Vrenchen glaubt ihren Vater anfangs von Sali erschlagen, aber er überlebt und bleibt sechs Wochen im Koma. Sali und Vrenchen kommen darin überein, den Tathergang zu verschweigen, doch für Vrenchen steht unabänderlich fest: „Es ist aus, es ist ewig aus, wir können nicht zusammenkommen!" (S. 50, Z. 23f.) Marti ist von nun an geistesgestört.

Salis Einschreiten bedeutet das – zwar noch vorläufige – Ende aller Gemeinsamkeiten: Das Unrecht, das Sali Marti

---

[1] Shakespeare, William: Romeo und Julia, III,5

zugefügt hat, ist so einschneidend, die Kluft, die beide Familien trennt, ist so unüberwindbar, dass die Möglichkeit, innerhalb der Gesellschaft noch an bürgerlicher Ehre und Treue festhalten zu können, in weite Ferne gerückt ist.

Fazit: Hindernis für eine dauerhafte Liebesbeziehung

Die ausweglose Situation der Kinder

Martis Debilität

In rührender Umsicht kümmert sich Vrenchen um den debilen Vater, der schnell wieder seine physischen Kräfte gewinnt, aber komplett den Verstand verloren hat und sich an nichts mehr erinnern kann. Auf öffentliche Kosten wird er von der Gemeinde in einer Anstalt in der Stadt untergebracht. Auf dem Weg dorthin wird er neben „einen oder zwei Säcke Kartoffeln" (S. 52, Z. 19) platziert; es ist wie ein „lebendige[s] Begräbnis" (S. 52, Z. 21 f.). In der Anstalt angekommen, zeigt sich sein Irrsinn in einem albern-grausigen Abschiedsgesang (vgl. S. 52, Z. 35 ff.), mit dem er aus dem Blickfeld Vrenchens und des Lesers schwindet.

Ein menschenunwürdiges Dasein

Der „Blödsinn[...]" (S. 52, Z. 11) des Bauern, hervorgerufen durch einen Stein, steht letztlich symptomatisch für den endgültigen Niedergang der anfänglichen Ordnung, der durch den Streit um den Brachacker und die dort aufgehäuften Steine ausgelöst worden war: Nach dem materiellen Verfall auf beiden Seiten, der mit einem moralischen Niedergang einherging, geht es nun sogar bis an die Substanz, an die geistige Substanz, deren Verlust ein menschenwürdiges Dasein nicht mehr zulässt. Marti ist nun genauso „bürgerlich tot" wie Manz in seiner Spelunke. Der Prozess der sozialen Vereinsamung, von Beginn an Thema der Novelle, ist auf die Spitze getrieben und wird in der Gestalt des Marti gleichzeitig ad absurdum geführt.

Der Abstieg der Bauern

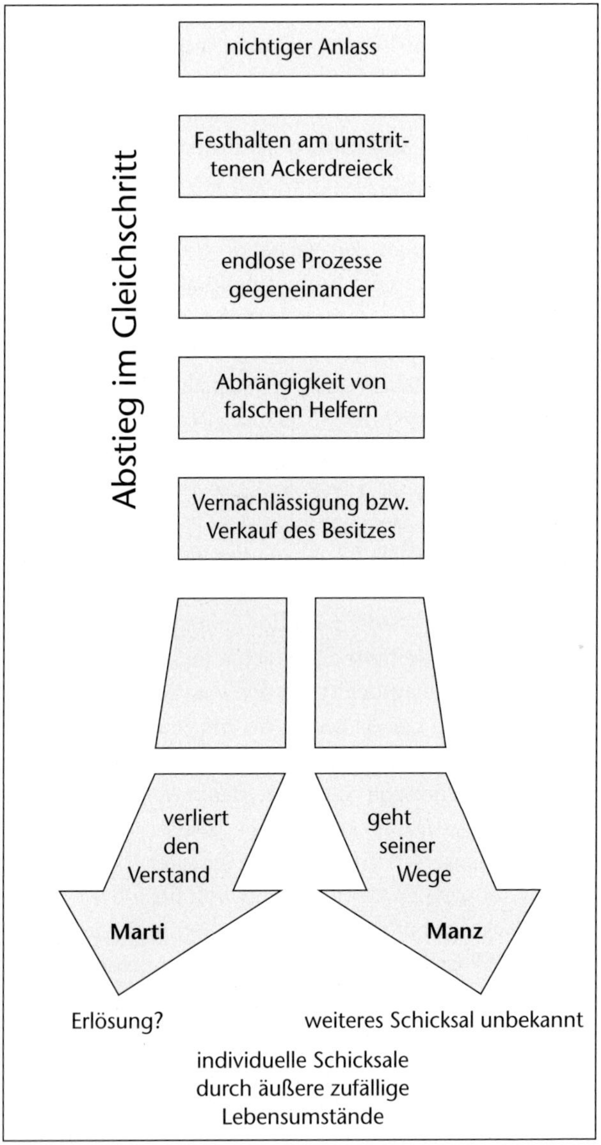

Nachdem Marti in der Anstalt untergebracht worden ist, die letzten Überbleibsel seiner Habe versteigert worden sind und der Prozess um den Brachacker endgültig verloren ist, treffen sich Sali und Vrenchen – nach einiger Zeit intensiver Sehnsucht nach dem jeweils anderen – ein letztes Mal in Martis Anwesen, das seine Tochter laut Gerichtsurteil nach zwei Tagen verlassen muss: Auf dem heimatlichen Herd, der sinnbildlich noch einmal für wenige Stunden von Geborgenheit im Dunstkreis der bürgerlichen Sphäre steht, suchen die Liebenden vor Sehnsucht und Sorgen „bleich und abgezehrt" (S. 53, Z. 30f.) Trost in trauter Zweisamkeit.

Versteigerung von Haus und Hof

Ein kleiner Exkurs über die Lebensumstände von Salis Eltern, die mittlerweile zwar als Diebeshehler dahinvegetieren, aber immer noch belustigt Anteil nehmen am Schicksal Martis (vgl. S. 54, Z. 14), erinnert den Leser noch einmal an den nicht enden wollenden Zwist der Familien.

Exkurs über Manz und seine Frau

Ohne einander zu sein und miteinander zu sein – beides erscheint Vrenchen langfristig unmöglich, eben weil Sali ihren Vater „um den Verstand gebracht" (S. 54, Z. 30) hat. Gewichtig sind ihre Worte: „Dies würde immer ein schlechter Grundstein unserer Ehe sein und wir beide nie sorglos werden, nie!" (S. 54, Z. 31f.)

Zukunft für die Liebe?

Eine wahrscheinliche Zukunftsperspektive für Vrenchen ist es, ohne festes Ziel in die Welt hinauszuziehen, um irgendwo zu „dienen" (S. 54, Z. 26), Sali möchte sich ebenfalls in der Fremde als Soldat oder Knecht verdingen, aber eine Trennung von Vrenchen erscheint ihm unmöglich. Seine Worte „Ich glaube, das Elend macht meine Liebe zu dir stärker und schmerzhafter, sodass es um Leben und Tod geht!" (S. 55, Z. 5ff.) korrespondieren auffällig mit Vrenchens Äußerung über die Zukunft ihrer Beziehung, aber auch mit dem Novellenende.

Ratlosigkeit in Bezug auf die Zukunft

In der Nacht, in der die Verliebten „so sanft und ruhig wie zwei Kinder in einer Wiege" (S. 55, Z. 14f.) auf dem hei-

Träume und Wunschvorstellungen Vrenchens ...

matlichen Herd schlafen, träumen sie voneinander und überdecken einige Zeit ihre trostlose Realität: Vrenchen sieht ihren eigenen Hochzeitstanz, aber immer wenn der Bräutigam sie küssen will, zieht eine unsichtbare Kraft die beiden auseinander (vgl. S. 55, Z. 21 ff.). Tatsächlich ist es dann Sali, der sie wachküsst, aber die unüberwindbare Trennkraft ihrer Liebe ist in Wahrheit Salis Gewalttat an Marti, die eine Heirat den ihr eigenen Tugendbegriffen zufolge endgültig verhindert (vgl. Grafik, S. 49).

... und Salis

Etwas anders gelagert ist Salis Traum: Er sieht Vrenchen unerreichbar in der Ferne vor sich hergehen, doch sie blickt zu ihm zurück, winkt und lacht und er fühlt sich „wie im Himmel" (S. 55, Z. 35). Eine ähnliche Reaktion hatte bei ihm zuvor schon die Begegnung mit Vrenchen am Steg hervorgerufen: Bis in die Wortwahl hinein (vgl. S. 37, Z. 4) korrespondieren Traum und Wirklichkeit. Am nächsten Morgen erwachen sie, die eine Wange jeweils „rot gefärbt" (S. 56, Z. 3) vom engen Beieinanderliegen im Schlaf, die andere „bleich[...]" (S. 56, Z. 5): Liebes- und Todessymbolik berühren einander (vgl. Grafik, S. 49).

Beschluss: Feiern an Kirchweih

In ihrer hoffnungslosen Situation wünscht sich Vrenchen, nur ein einziges Mal so wie in ihrem Traum „recht lustig" sein zu dürfen (S. 56, Z. 12ff.), bevor sie sich eine neue Bleibe suchen muss, und so schmieden die beiden den Plan, in einem benachbarten Dorf, wo man sie weniger kennt, das Kirchweihfest zu besuchen. Da es jedoch an Geld fehlt und Vrenchen keine Schuhe zum Tanzen mehr hat, droht der Plan sogleich zu scheitern. Doch Sali kann das Probleme lösen: Er ist bereit, seine silberne Uhr zu verkaufen und mit dem Erlös den gemeinsamen Tag samt passendem Schuhwerk zu finanzieren.

Gemeinsames Sterben?

Vorfreude und Glück sind die prägenden Emotionen. Die Tragweite des geplanten Unternehmens wird deutlich in Vrenchens Worten: „[I]ch müsste sterben, wenn ich nicht morgen mit dir tanzen könnte." (S. 56, Z. 31 f.) Salis Antwort wirkt nur so dahingesagt, doch dahintersteckt eine deutliche Botschaft: „Es wäre das Beste, wir beide könnten sterben!" (S. 56, Z. 32f.) Erstmals wird der Wunsch, gemeinsam zu sterben, von beiden Protagonisten nacheinander ausgesprochen. Vorerst aber bringt die Angst vor dem Dunkel des Übermorgens „nur einen seltsamen erhöhten Glanz und Schein" (S. 58, Z. 8) ins kümmerliche Dasein der Kinder.

Fazit: Diskrepanz zwischen Wunsch und Realität

Der gemeinsame Wunsch der beiden, in geordneten Verhältnissen ein glückliches Leben zu führen, und die Realität, die Vrenchens und Salis Gewissen belastet und das Mädchen zudem nach der Versteigerung des väterlichen Anwesens zu einer Heimatlosen gemacht hat, lassen sich nicht mehr in Übereinstimmung bringen und so hoffen die Verliebten auf eine Verdrängung der Wirklichkeit an Kirchweih. An diesem Tag wollen sie in konzentrierter Form all das erleben, was ihnen bisher und in Zukunft versagt bleibt.

Stationen des letzten gemeinsamen Tages

Salis Vorbereitungen für das Fest

Nach dem Verkauf seiner Uhr erwirbt Sali für Vrenchen Tanzschuhe und damit beginnt eine neue Zeitrechnung, in der der schöne Schein des Glücks über den tristen Alltag dominieren soll. Wieder zu Hause putzt sich Sali für das Kirchweihfest so gut es geht heraus, „in einer Anwandlung ländlichen Stolzes" (S. 59, Z. 11f.). Seine Mutter, die vermutet, dass er auf Brautschau gehe, steuert ein „großes schwarzes Mailänder Halstuch mit rotem Rande" (S. 59, Z. 6f.) bei, den vom Vater angebotenen Gulden weist er hingegen vehement zurück. Mit einem seltsamen Gefühl des (endgültigen?) Abschieds verlässt er das Elternhaus (vgl. S. 59, Z. 15f.) und begibt sich auf den Weg zu Vrenchen. Auch in dieser Passage sind somit leise Anklänge an den Tod zu vernehmen: in der Farbsymbolik des Halstuchs und in Salis Überlegungen zum Abschied von seinen Eltern.

Zusammentreffen mit Vrenchen

Vrenchen erwartet Sali schon „vollkommen angekleidet und geschmückt“ (S. 59, Z. 33f.) – herausgeputzt wie eine „Prinzess“ (S. 62, Z. 8f.). „[F]risch und sauber“ (S. 60, Z. 4) ist sie, in ein schlichtes blaues Kleid gewandet und mit einem Blumenstrauß (vgl. S. 60, Z. 14f.) ausgestattet, den sie selbst aus den letzten Blüten „in dieser Wüstenei“ (S. 60, Z. 35) gebunden hat. Es ist sicher kein Zufall, dass es Rosen, Rosmarin und Astern sind, allesamt Pflanzen, die symbolisch für die Liebe (Rose und Rosmarin[1]) bzw. für das Vergehen und den Tod (Rosmarin, Aster als Herbstblüher) stehen. Lediglich das passende Schuhwerk fehlt ihr noch. Das von Sali ausgesuchte Geschenk „passt[...] sehr gut“ (S. 60, Z. 25). Auch Vrenchen verfügt über eine gewisse Summe an Geld, die ihr der Waisenvogt ausgehändigt hat, damit sie sich eine Dienststelle in der Stadt suchen kann.

Eine fantastische Lügengeschichte

Sali möchte sogleich aufbrechen, doch Vrenchen muss erst noch auf die Bäuerin warten, der sie ihr Bett verkauft hat. Aus dem Stegreif erfindet sie vor dieser eine fantastische Geschichte: Sie selbst gibt sich als Braut aus und Sali stellt sie als ihren Bräutigam vor, der durch einen Lotteriegewinn sehr reich geworden sei und nun mit ihr in die Stadt ziehen wolle, wo er von der Gewinnsumme eine schöne Villa gekauft habe (vgl. S. 62, Z. 16ff.). In vollen Zügen kann das Mädchen im Gespräch mit der geschwätzigen Fremden den Traum von einem unbeschwerten gemeinsamen Glück auskosten – nicht ohne auch eine gehörige Portion Schalkhaftigkeit an den Tag zu legen, etwa wenn sie sich nicht ohne Hintergedanken immer wieder der Freundschaft der Bäuerin versichert (vgl. S. 63, Z. 20f. und S. 64, Z. 3). (vgl. Grafik, S. 49)

Fragwürdige Anerkennung

Die anfangs ungläubige Bäuerin ist dem „Brautpaar“ am Ende nicht nur wohlgesonnen. Bewunderung und Herz-

[1] Rosmarin war in der antiken Kultur der Aphrodite geweiht, ebenso wand man im antiken Griechenland Totenkränze aus Rosmarin.

lichkeit brechen in einer Intensität hervor, wie sie die beiden Kinder vorher noch nie erfahren haben. Allerdings verbergen sich hinter der Schwärmerei der Bäuerin (vgl. z.B. S. 64, Z. 12ff.) handfeste geschäftliche Interessen (vgl. z.B. S. 63, Z. 1f.), denn Vrenchen verspricht ihr gute Bezahlung, wenn sie sie nur häufig in der Stadt besuche und die Waren, statt zum Markt zu tragen, zuerst ihr anbiete (vgl. S. 63, Z. 27ff.). Eine saftige Lügengeschichte ist es also, die den Liebenden Anerkennung einbringt, was jedoch ein sehr zweifelhaftes Licht auf die Bäuerin wirft, aber auch auf die Gesellschaft im Allgemeinen, als deren Repräsentantin das geschwätzige und nicht besonders sympathisch gezeichnete Bauernweib gelten kann.

Auszug aus dem Haus

Die Bäuerin zieht mit dem Bett, das sie soeben von Vrenchen erworben hat, davon und wie schwer der Verlust dieses letzten Besitzgegenstands wiegt, zeigt sich in Vrenchens Vergleich des Bettes mit einem „artige[n] Gartenhäuschen" (S. 65, Z. 16f.). Der Auszug aus dem väterlichen Anwesen fällt Vrenchen sichtlich schwer und sie hat Tränen in den Augen (vgl. S. 65, Z. 30f.). Als endgültiges Zeichen des Abschieds hängt Vrenchen den rostigen Schlüssel an die Hellebarde[1] des Ahnherrn, die als „der letzte Wächter" (S. 65, Z. 27) verrostet im Garten steht. Der wolkenlose Septemberhimmel, der an den Novellenbeginn erinnert (vgl. S. 5, Z. 16), die festliche Sonntagsatmosphäre samt weithin tönendem Glockengeläute und das schmucke „Gewand" der Umgebung (vgl. S. 66, Z. 9ff.) hellen jedoch die triste Abschiedsstimmung etwas auf.

Kirchweihfest

Besuch im ersten Wirtshaus

Die Verliebten verlassen also den Hof, dem Anschein nach „wie zwei Glückliche, die sich von Rechts wegen angehör[...]en" (S. 66, Z. 20f.), und machen sich auf den Weg

[1] Hellebarde: Hieb- und Stichwaffe, die zu den Stangenwaffen des Fußvolks zählte und vornehmlich im 14. bis 16. Jahrhundert verwendet wurde

ins nächste Dorf. Dort kehren sie zum Frühstück in ein Gasthaus ein. Alles vermittelt hier den Eindruck eines gewissen Wohlstands und liebevoller Pflege (vgl. S. 66, Z. 31 f.), was durch die Darstellung von Vrenchens Entzücken über das leckere Essen, das feine Geschirr und die wohlige Atmosphäre noch gesteigert wird (vgl. S. 67, Z. 13 ff.). Dass sie von den Wirtsleuten für „rechtliche junge Leutchen" (S. 67, Z. 21 f.) gehalten werden, hebt die unbeschwerte und freudvolle Stimmung noch weiter.

„Liebe im Zeitraffer"

Nach dem Abschied von den Wirtsleuten durchstreifen sie stundenlang in stiller und glückseliger Eintracht einen Eichenwald – „in angenehme Träume vertieft, als ob sie nicht aus zank- und elenderfüllten Häusern herkämen, sondern guter Leute Kind wären" (S. 68, Z. 6 ff.). Um die missliche Lage des Paares deutlich zu machen, lässt der Erzähler hier den irrealen Konjunktiv sprechen. Kurzzeitig verdunkelt sich die Stimmung allerdings, als den Kindern die Vergeblichkeit ihrer Träume bewusst wird (vgl. S. 68, Z. 16 ff.). Schon bald hellt sich ihre trübe Stimmung jedoch auf und sie durchleben wieder, die Vergangenheit und Zukunft vergessend, in ungetrübter Freude „alle Manieren und Stimmungen der Liebe" (S. 70, Z. 4 f.): Im Zeitraffer holen sie manches nach und „mit der Hingabe ihres Lebens" (S. 70, Z. 7) nehmen sie anderes vorweg.

Besuch im zweiten Wirtshaus

Nach einem kurzen Exkurs des Erzählers über die Landjugend und ihre sonntäglichen Vergnügungen in der freien Natur nähern sich Sali und Vrenchen einem weiteren Dorf und kehren erneut in einem Wirtshaus ein, diesmal zum Mittagessen. Alles wirkt fast wie eine Steigerung des ersten Gasthausbesuchs: Sali bestellt ein „erkleckliches Mahl" (S. 70, Z. 19), die Gaststube ist noch einladender und geschmackvoller eingerichtet als die erste und auch diesmal begegnet ihnen die Wirtin mit äußerster Freundlichkeit. Erneut werden sie für „ein junges Brautpaar" (S. 70, Z. 30) und für „zwei recht ordentliche Leutlein“ (S. 71, Z. 30) gehalten.

Bedeutung von Brot und Wein

Die beiden Wirtshäuser, die Sali und Vrenchen nacheinander besuchen, stellen einen Kontrast zu ihrem eigenen armseligen Dasein dar. Es sind Häuser des prallen Lebens: Der Duft von Brot durchzieht die Stube (vgl. S. 67, Z. 1 ff.) und Wein steht auf den Tischen (vgl. S. 72, Z. 22). Das Wirtshaus von Salis Eltern steht hierzu in krassem Gegensatz, in dem man sich Brot und Wein erst borgen muss, wenn Gäste kommen (vgl. S. 30, Z. 13 ff.). Brot und Wein, religiöse Symbole, hatten die Kinder auch einst auf die Äcker zu ihren Vätern gebracht, als noch Harmonie und Frieden zwischen beiden Familien herrschten. Brot und Wein stehen somit einerseits für ein Leben im Überfluss, das Sali und Vrenchen jedoch nur als Gäste eines Wirtshauses genießen dürfen. Andererseits verdeutlicht das Fehlen dieser Speisen die Grausamkeit und Gnadenlosigkeit des Schicksals.

Erste Dissonanzen

Während jedoch der Besuch im ersten Wirtshaus noch ungetrübt ist, stehen der freundlichen Wirtin im zweiten Gasthaus der Neid und die Geringschätzung der Kellnerin entgegen, die die Kinder – mürrisch und neidisch v. a. auf den Brautstand Vrenchens – als Angehörige des „Hudelvölkchen[s]“ (S. 71, Z. 20) bezeichnet und damit ihre Wohlanständigkeit anzweifelt. Dennoch ziehen die Verliebten das Mahl in die Länge und zögern das Ende des Wirtshausbesuchs hinaus – allein schon aus Scheu, „aus der holden Täuschung herauszugehen“ (S. 72, Z. 20). Immer bleibt es den Liebenden also bewusst, dass ihr Traum nur von begrenzter Dauer ist, und so wirken die beiden Wirtshausbesuche von Sali und Vrenchen wie ein letztes Bekenntnis zur bürgerlichen Ordnung.

Haus aus Lebkuchen ...

Wie im Gespräch mit der Bäuerin angekündigt, kauft Sali nun für Vrenchen auf dem Kirchweihmarkt im Nachbardorf ein Haus, allerdings nicht eine prächtige Villa in der Stadt (vgl. S. 62, Z. 29ff.), sondern eines aus „Lebkuchen, das mit Zuckerguss freundlich geweißt war, mit einem grünen Dach, auf welchem weiße Tauben saßen und aus dessen Schornstein ein Amörchen[1] guckte als Kaminfeger" (S. 73, Z. 23ff.). In den offenen Fenstern des Hauses sieht man sich umarmende und küssende Gestalten, deren Münder zu einem zu verschmelzen scheinen. Die Verse auf der „rosenroten" (S. 73, Z. 32) Haustür sind im romantischen Volksliedton gehalten und stellen ein dreistrophiges Loblied auf die Liebe und das Küssen dar (vgl. S. 74, Z. 1–12).

Leitmotiv „Haus"

Das Wort „Haus" zieht sich leitmotivisch durch die ganze Novelle: Während es anfangs für Ehrbarkeit und Sicherheit steht und damit die bürgerliche Gemeinschaftsordnung verkörpert, stehen das Herunterwirtschaften und letztlich der Verlust von Haus und Hof für den sozialen Abstieg beider Familien. Stellvertretend symbolisiert das Haus aus Lebkuchen am Ende der Novelle somit die Sehnsucht der Kinder nach einem sicheren Ort für ihre Liebe in geordneten Verhältnissen, es steht für den Wunsch nach einer gemeinsamen Zukunft, die ein „süßer Traum" bleiben muss. In diesem Zusammenhang ist es sicher kein Zufall, dass das von Salis vermeintlichem Lotteriegewinn erworbene Haus in Vrenchens erfundener Geschichte der Bäuerin gegenüber breiten Raum einnimmt (vgl. S. 62, Z. 29ff.).

... und Herz aus Lebkuchen

Vrenchen ihrerseits kauft für Sali ein Lebkuchenherz, das zwei Verse zieren. Auf der Rückseite prangt der auf das Novellenende vorausdeutende Spruch: „Viel eh'r als meine Liebe mein braunes Auge bricht!"[2] (S. 74, Z. 25f.) Vrenchen bezeichnet das Herz als „das wahre" Haus (S. 75, Z. 1) und erklärt: „[U]nser Herz ist jetzt unser Haus, darin

[1] Amörchen: ein kleiner Amor (Liebesgott)
[2] „mein [...] Auge bricht": mein Lebenslicht erlischt

wir wohnen, und wir tragen so unsere Wohnung mit uns, wie die Schnecken!" (S. 75, Z. 1 ff.) Als quasi heimatlos Gewordene finden sie nur noch Zuflucht in der Innerlichkeit.

Vrenchens und Salis Träume

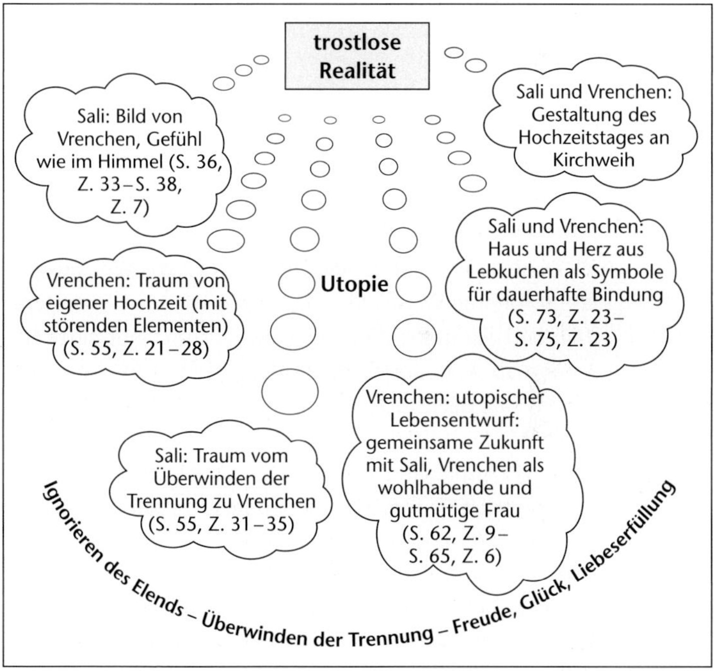

Fazit: die Stationen der Hochzeit im Zeitraffer

Die einzelnen Stationen des letzten Tages stehen allesamt im Zeichen des von Vrenchen erträumten Glücks: Der Bäuerin, der sie ihr Bett verkauft, erzählt sie detailliert von ihrer Hochzeit und den Wonnen der Zukunft (vgl. S. 62 f.), beim gemeinsamen Frühstück und Mittagessen mit Sali „genoss Vrenchen alle Wonnen einer Braut, die zur Hochzeit reiset" (S. 72, Z. 7 f.), und Haus und Herz aus Lebkuchen sowie die einander heimlich gekauften Ringe (vgl. S. 75, Z. 25 ff.)

fungieren als sichtbare Zeichen der Ehe, die den Traum vom Glück ein Stück weit Realität werden lassen. Damit enthält der letzte Lebenstag von Vrenchen und Sali, ein Sonntag, alle wesentlichen Elemente der Hochzeit als dem Höhepunkt im bürgerlichen Lebenslauf. Nach anfänglicher Heiterkeit und Unbeschwertheit verstärken sich jedoch die dunklen Seiten ihres Daseins (s.a. Bemerkung der Kellnerin, traurige Momente im Eichenwald).

Im Paradiesgärtchen

Zerstörung des momentanen Glücks

Jäh wird ihr zerbrechlicher Traum vom Glück vollends zerstört, als plötzlich Besucher aus Seldwyla die Kinder erkennen und sie von allen Seiten neugierig umstellen. Der Erzähler charakterisiert diese Leute als ein „rohe[s] Völkchen" (S. 76, Z. 16), das in deutlichem Kontrast zu dem „auf […] fast vornehme Weise" (S. 76, Z. 14) verliebten Paar steht. Während die gaffende Menge grußlos und mit einer Mischung aus Verwunderung, Mitleid, Verachtung und Neid auf das Paar blickt (vgl. S. 76, Z. 9ff.), wird Vrenchen „bang und heiß, […] bleich und rot" (S. 76, Z. 23f.) angesichts der offensichtlichen Zerstörung ihres kurzen Glücks. Damit misslingt den Bauernkindern der Versuch, auf ihrer Hochzeitswanderung den Ring der Vereinsamung zu durchbrechen. Vielmehr wird ihnen auf dem Kirchweihfest ihr Außenseitertum sogar besonders bewusst gemacht.

Flucht ins Paradiesgärtchen

Sali fasst sich ein Herz, ergreift Vrenchens Hand und führt sie in das „Paradiesgärtchen" (S. 76, Z. 36f.), das als Vergnügungsort der Heimatlosen der letzte mögliche Zufluchtsort für das Paar ist, das sich nun auch dem armen Volk zugehörig fühlt (vgl. S. 76, Z. 35f.). Bei dieser Lokalität handelt es sich um einen ehemals „wunderliche[n] Landsitz" (S. 77, Z. 17) mit schöner Aussicht am Bergeshang, der nun aber gänzlich dem Verfall anheimgegeben ist und als eine offene Waldschenke dient, in der sich arme

Leute (vgl. S. 78, Z. 20f.) ebenso wie das fahrende Volk, das „Hudelvölkchen" (S. 79, Z. 25), aufhalten.

Ein „verwildertes" Paradies

Wahrlich paradiesisch muten die „lustige[n] Engelscharen sowie [die] singende[n] und tanzende[n] Heilige[n]" (S. 77, Z. 32f.) an, die Dachgesimse sowie Fresken des Gebäudes zieren und dem Ort etwas Magisches verleihen. Passend zur Gesellschaft der armen und halbseidenen Gestalten wirkt alles etwas verwildert und heruntergekommen, „verwischt und undeutlich wie ein Traum" (S. 77, Z. 33f.) – das Gemäuer an sich ebenso wie sein Garten, in dem die Natur sich ihren Platz zurückerobert hat (vgl. S. 78, Z. 1 ff.).

Vrenchen als „Kirchenpatronin"

In deutlichem Kontrast zu diesem verwunschenen Ort steht Vrenchens „Einzug" in diese Welt, denn der Erzähler vergleicht sie, die immer noch das Lebkuchenhaus vor sich herträgt, mit einer „heiligen Kirchenpatronin auf alten Bildern, welche das Modell eines Doms oder Klosters auf der Hand hält" (S. 78, Z. 12f.). Angesichts der „wilde[n] Musik" (S. 78, Z. 16), die dem jungen Paar entgegenschlägt und sie sofort in ihren Bann zieht, verwirft der Erzähler das soeben von dem jungen Mädchen skizzierte Bild als Heilige, zumal es im Tanz sein „Attribut", das Lebkuchenhaus, zerdrückt, was in erzählerisch konsequenter Absicht symbolisch für ein jähes Zerplatzen des Traums vom Glück in der bürgerlichen Zweisamkeit gewertet werden kann.

Erneutes Zusammentreffen mit dem Schwarzen Geiger

Hier nun treffen die Verliebten erneut auf den Schwarzen Geiger, der der Gesellschaft zum Tanz aufspielt. Nach ihrem ersten Schrecken über diese Begegnung gelingt es dem Mann, die Kinder aus der Reserve zu locken, zum Lachen zu bringen und ihnen für einige weitere Stunden das Gefühl von Unbekümmertheit zu geben. Daher fühlen sie sich unter seinen persönlichen Schutz gestellt (vgl. S. 79, Z. 16f.) und tanzen „sich und die Welt vergessend" (S. 79, Z. 17f.) wie in einem Rauschzustand noch lange miteinander und auch mit anderen (vgl. S. 81, Z. 3f.) – womit jedoch Vrenchen die Eifersucht Salis hervorruft (vgl. S. 81, Z. 7ff.).

Das Hudelvölkchen

Stellvertretend für das tanzende Hudelvölkchen verleiht der Erzähler einigen jungen Leuten, in deren Gesellschaft Sali und Vrenchen sich aufhalten, ein scharf konturiertes Gesicht. Ihr „fremdartig[es]" Aussehen (S. 79, Z. 28f.) ergibt sich zwangsläufig aus der Mischung von eigentümlicher „Kostümierung" und ausgelassenem Tanzstil – „wilde Person[en]" (S. 79, Z. 33f.) sind es, die da im Paradiesgärtchen miteinander feiern und flirten und unter die sich Sali und Vrenchen im Schein des Vollmondes mischen. „[S]eelenvergnügt" (S. 80, Z. 33) nennt der Erzähler ihrer aller Gemütszustand.

Erzählerkommentar: aussichtlose Liebe

Nach Beendigung des Tanzes schaltet sich ein ausführlicher Erzählerkommentar ein, der zum einen noch einmal die Gründe für die Aussichtslosigkeit der Liebe nennt – „das Elend und die Hoffnungslosigkeit [der] Herkunft", „Jugend und unerfahrene Leidenschaft" sowie „Vrenchens Vater [...], welchen [Sali] zeitlebens elend gemacht" (S. 81, Z. 34ff.). Zum anderen verdeutlicht der Erzähler, dass die beiden aufgrund ihrer bürgerlichen Herkunft und Erziehung zu ehrenvollem Verhalten nur „in einer ganz ehrlichen und gewissensfreien Ehe" (S. 82, Z. 1f.) und somit „auf einem guten Grund und Boden" (S. 82, Z. 29f.) und nicht in der Gesellschaft der Heimatlosen glücklich sein könnten, was ihnen aber unerreichbar ist.

Einladung des Schwarzen Geigers

Als die Nacht hereinbricht und unklar ist, wo die Verliebten bleiben können, rät der Schwarze Geiger ihnen, sich ihm und der Gesellschaft der Heimatlosen anzuschließen, um inmitten der Natur und außerhalb aller gesellschaftlichen Konventionen ein völlig „freie[s] Leben" (S. 83, Z. 20) zu führen. Es wäre ein Dasein, in dem sie „keinen Pfarrer, kein Geld, keine Schriften, keine Ehre, kein Bett" (S. 83, Z. 10f.) bräuchten, zusammen sein könnten und aller Sorgen ledig wären. Auch er selbst wolle nicht nachtragend sein angesichts des einst an ihm verübten Unrechts, wie der Schwarze Geiger dem verliebten Paar glaubhaft verspricht. Während Sali dieser Einladung zunächst zu folgen bereit wäre, lehnt Vrenchen entschieden ab mit der Begründung, sie fürchte, in dieser Umgebung ihrem Geliebten untreu zu werden (vgl. S. 84, Z. 14f.), wie sie es bei anderen bereits beobachtet habe (vgl. S. 84, Z. 3ff.).

Spaßhafte Trauung

Dennoch geben Sali und Vrenchen den Verlockungen nach, treten in die Gaststube ein und lassen sich auf die spaßhafte Zeremonie einer symbolischen Trauung ein, die der Geiger an ihnen vollzieht. Sie haben jedoch gemischte Gefühle dabei, „kalt und heiß" (S. 85, Z. 10) durchschauert es sie und es gelingt ihnen nicht so ganz, sich in der Gesellschaft der wild singenden, trinkenden und sich liebkosenden Heimatlosen wohlzufühlen. Dennoch verweilen sie bereitwillig, um ein Weilchen „vor sich selbst" zu flüchten (S. 84, Z. 32).

Hochzeitszug zum „Blocksberg"

Nolens volens[1] (vgl. S. 85, Z. 16ff.) schließen sich die Verliebten dem wild tanzenden Zug der ausgelassenen Gesellschaft an, die „dem Brautpaar das Geleit" (S. 85, Z. 15) gibt, und ziehen über die Felder in ihr Heimatdorf. Dort ergreift sie „eine schmerzhaft wilde Laune" (S. 85, Z. 28f.), sie sind hin- und hergerissen zwischen Lachen und Weinen, zwischen Ausgelassenheit und Verzweiflung. Der „tolle nächtliche Zug" (S. 85, Z. 24) kulminiert, als sie die drei Äcker erreichen, die nichts mehr von den Feldern ihrer Kindheit haben, sondern einem Blocksberg[2] gleichen. Dort aber lösen sich Sali und Vrenchen aus der Gesellschaft und schlagen einen anderen Weg ein.

Fazit: Ausweglosigkeit

Erst nachdem Sali und Vrenchen die bürgerliche Gesellschaft verlassen und sich freiwillig in die Gesellschaft der Heimatlosen und Armen, die sich um den Schwarzen Geiger gruppieren, hineinbegeben haben, ist die Erfüllung ih-

---

[1] nolens volens (lat.): nicht wollend, d.h. nicht ganz freiwillig, notgedrungen

[2] Blocksberg: in der Sage Name für mehrere Berge, die Hexen als Tanzplatz dienen

rer Zweisamkeit im Tanz wieder möglich. Allerdings bleibt dieser Aufenthalt ein vorübergehender und es kristallisiert sich heraus, dass der Tanz ihr Totentanz ist. Sie erkennen die Ausweglosigkeit ihrer Situation zwischen der bürgerlichen Welt und dem Bereich des „Blocksbergs" und kommen zu dem Entschluss, gemeinsam Hochzeitsnacht zu feiern und in den Tod zu gehen.

Ambivalenz zwischen Glücksverlangen und Gewissen

„Wir können nicht zusammen sein, und doch kann ich nicht von dir lassen […]." (S. 81, Z. 28ff.)

bürgerlicher Gesellschaft	… moralischen Normen … Ausgrenzung und Verstoßung … bürgerlicher Heirat	**Die Liebenden zwischen …**	… Leben in Freiheit … Lustprinzip ohne Treue … Existenz als Außenseiter der Gesellschaft	… Welt der Heimatlosen

Das treibende Heuschiff

Ernsthafte Trauung

Die Liebenden sind nun gezwungen, einen endgültigen Entschluss zu fassen. Offenbar aus Rücksicht auf Vrenchen, für die er eine gute Zukunft erhofft (vgl. S. 86, Z. 26ff.), schlägt Sali – halbherzig, wie sich herausstellt – eine Trennung vor. Vrenchen lehnt entschieden ab und beide lassen sich von der magischen Stille des Ortes einfangen, an dem der Mond sein „bleiche[s] Silberlicht" (S. 87, Z. 15) spendet, und tauschen die einander auf dem Kirchweihmarkt gekauften Ringe. Dieser Akt wirkt wie eine zweite – nunmehr ernsthafte – Trauung (vgl. S. 88, Z. 4), die beide derart überwältigt, dass sie in einen Gefühlsrausch geraten. Sali ist derart ergriffen von Vrenchens bedingungsloser und leidenschaftlicher Hingabe (vgl. S. 87, Z. 28ff.), dass er sie „ganz anders und stürmischer" (S. 87, Z. 33) als je zuvor liebkost und er Vrenchen noch einmal eine ganz andere Dimension seiner Liebe zeigt, die ihn schließlich die Idee eines gemeinsamen Selbstmords zur Sprache bringen lässt. Sali schlägt vor, zu eben dieser Stunde zu heiraten und dann „aus der Welt" (S. 88, Z. 8) in das tiefe Wasser des Flusses zu gehen, wo niemand sie mehr trennen könne. Vrenchen willigt sofort ein und gesteht, schon längst denselben Gedanken gehegt zu haben (vgl. S. 88, Z. 12ff.). Damit zeigt sich die letzte große Übereinstimmung im Denken und Handeln der Liebenden; für „vernünftige" Lösungen ist nun kein Platz mehr.

Beschluss des gemeinsamen Selbstmords

Der Entschluss, gemeinsam aus dem Leben zu scheiden und damit die reale menschliche Gesellschaft endgültig zu verlassen, befreit die Liebenden von ihren Sorgen und erweckt in ihnen den Drang, sogleich ans Ufer zu gelangen und ihr Vorhaben in die Tat umzusetzen. Dabei sind Gedanken an „Tod und Untergang" (S. 88, Z. 33) völlig zweitrangig. Im Vordergrund steht die Vorfreude auf „den Rausch der Seligkeit, der in ihrer Vereinigung lag" (S. 88, Z. 30f.). Vor allem Vrenchens wiedergewonnene Leichtigkeit wird mit der eines Vogels (vgl. S. 88, Z. 20) bzw. eines Kindes (vgl. S. 88, Z. 24) verglichen, aber auch Sali ist „[a]ller Sorgen ledig" (S. 88, Z. 27).

Drängende Vorfreude

Entschlossen wendet sich das Paar gemeinsam dem Fluss zu und Sali löst „[i]n wilder Laune" (S. 89, Z. 5) ein hoch mit Heu beladenes Schiff vom Anker, das eigentlich für die nahe gelegene Stadt bestimmt ist, ihnen nun aber als ihr „Brautbett" (S. 89, Z. 1) dienen soll. In unbändiger Vorfreude begeben sie sich in die Fluten, wobei Sali Vrenchen auf den Händen balancierend zum Schiff geleitet und dort auf das Heu hebt, bevor er sich selbst hinaufschwingt. Dabei scheint der Fluss das Treibende und Ziehende (vgl. S. 89, Z. 19 und Z. 27f.) zu sein, das die Liebenden völlig willenlos macht. Angesichts des kalten Wassers erinnert Vrenchen Sali an ihre erste Begegnung als junge Erwachse-

Das Heuschiff als Brautbett

Der Hochzeitstag zwischen Erschrecken und Glück

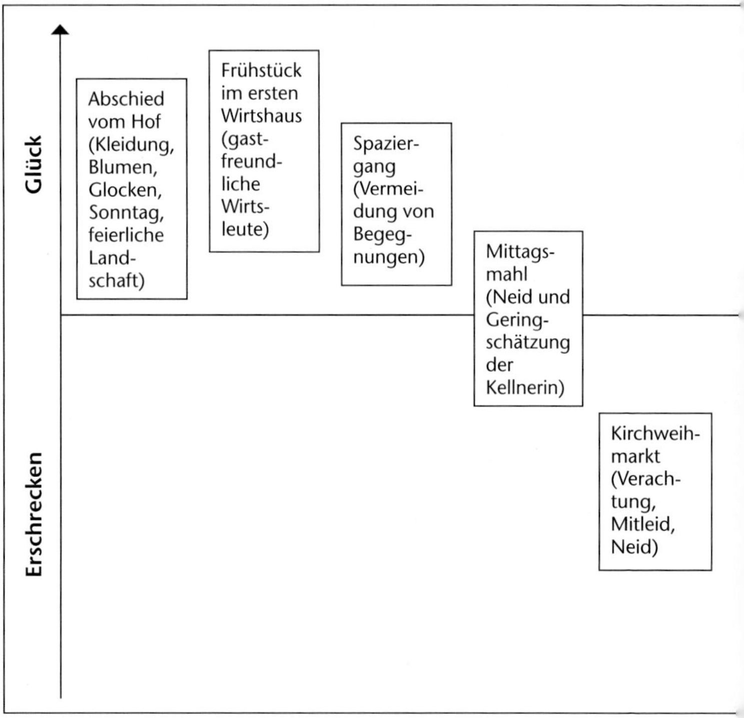

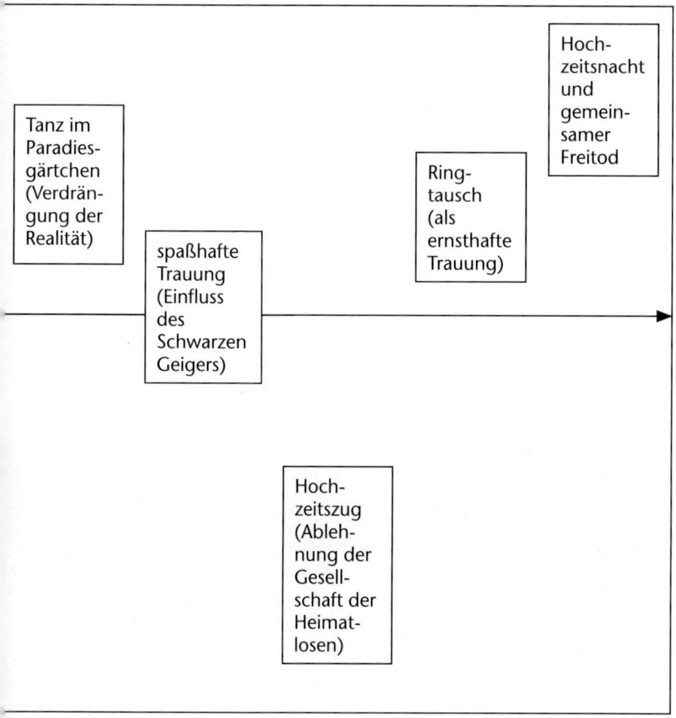
Tanz im Paradiesgärtchen (Verdrängung der Realität)
spaßhafte Trauung (Einfluss des Schwarzen Geigers)
Hochzeitszug (Ablehnung der Gesellschaft der Heimatlosen)
Ringtausch (als ernsthafte Trauung)
Hochzeitsnacht und gemeinsamer Freitod

ne auf dem Steg und daran, dass sie damals Fische fingen, nun aber selbst zu „zwei schöne[n] große[n]" Fischen würden (S. 89, Z. 25).

Der Tod

Am Ende der Novelle ist es der Fluss in seiner Elementargewalt, der zum Bild einer unbändigen Leidenschaft wird. Denn das verliebte Paar schwindet aus dem Blickfeld des Lesers und der Erzähler fasst in wenigen Worten die „Reise" des Schiffs stromabwärts zusammen, bis es sich im herbstlichen Morgengrauen der Stadt nähert, wo „zwei bleiche Gestalten" (S. 90, Z. 5f.) ineinander verschlungen vom Schiff herab in die Fluten gleiten. Das Naturgeschehen, insbesondere der untergehende Mond, der „rot wie Gold […] eine glänzende Bahn den Strom hinauf[legt]" (S. 90, Z. 2f.), macht deutlich, dass mit dem Tod der Kinder ihre Liebe die Vollendung gefunden hat: Natur- und Seelenstimmung verschmelzen miteinander. Das Schiff verfängt sich unbeschadet an einer Brücke und die Liebenden selbst werden unterhalb der Stadt tot aus dem Wasser geborgen.

Fazit: Genuss des momentanen Liebesglücks

Das tragische Ende vollzieht sich in zwingender Konsequenz: Weder auf ihre Liebe noch auf ein Leben in altüberlieferter Ehrbarkeit können Sali und Vrenchen verzichten. Den Ausweg in den Tod betreten sie mit „Tränen der Freude" (S. 88, Z. 18), im „Rausch der Seligkeit" (S. 88, Z. 30f.) und „[i]n wilder Laune" (S. 89, Z. 5). Der Gedanke an das Jenseits spielt für die Liebenden im Tod keine Rolle, einzig und allein das Diesseits, d. h. das momentane Liebesglück, ist von Bedeutung, mag es auch noch so kurz und vergänglich sein. Dies spiegelt eine Einstellung wider, die christlichen Vorstellungen vom Leben nach dem Tod entgegensteht.

Das Novellenende

Kommentierender Zeitungsartikel: Entsittlichung und Verwilderung

Wie schon am Anfang ergreift auch am Ende der Novelle der Erzähler das Wort: Er lässt kein Mitleid für das Paar aufkommen und durchkreuzt alle Empfindungen des Lesers, indem er kommentarlos einen sachlichen Zeitungsbericht anfügt, der einen Zusammenhang zwischen dem Auffinden des Schiffs und dem Tod der Kinder herstellt. Es seien Kinder aus verarmten und tief verfeindeten Familien gewesen, die auf dem entwendeten Schiff „ihre verzweifelte und gottverlassene Hochzeit“ (S. 90, Z. 20f.) gehalten hätten, was der Verfasser des Artikels als „Zeichen von der um sich greifenden Entsittlichung und Verwilderung der Leidenschaften“ (S. 90, Z. 22f.) wertet. Damit liefert der Artikel einerseits eine Zusammenfassung des Novellengeschehens, andererseits hält sich der Verfasser nicht mit subjektiv-moralischen Wertungen zurück. Sein engstirnig-eindimensionaler Schuldspruch trifft allerdings zwei Menschen, die sich geradezu als Märtyrer der bürgerlichen Moral erweisen. Somit hat der Erzählschluss eine besondere sozialkritische Schärfe.

Fazit: Unverständnis des heutigen Lesers

Der Blickwinkel, aus dem das Novellengeschehen dargestellt wird, verändert sich am Ende der Erzählung drastisch: Ein Leser, der die gesamte Vorgeschichte und die Hintergründe für den Selbstmord sowie die innere Zerrissenheit der Liebenden kennt, kann auf die Zeitungsmeldung am Ende nur mit Unverständnis reagieren und die verurteilende Schlussfolgerung des Artikels sicher nicht teilen. Er sieht sich geradezu gezwungen, sein eigenes – zwangsläufig differenzierteres – Bild von der Begebenheit nachhaltig in Erinnerung zu behalten, was Keller vielleicht mit Absicht provoziert.

Der Umgang mit Schuld

Manz und Marti		Schuld		Sali und Vrenchen
• Habsucht • Ausgrenzung	bewusstes Handeln	**Ursachen**	Schicksal, Zufall	• Schuld der Bauern • unglückliche Verkettung von Ursachen
• Vorenthalten des Ackers • gegenseitiger Betrug beim Pflügen	ökonomische, soziale, moralische Schuld	↓ **Gegenstand/Art der Schuld**	kriminelle, moralische Schuld	• Sali: Schlag gegen Marti, Verheimlichen der Tat • Vrenchen: Mitwisserin
• sozialer und ökonomisch Niedergang • Zerstörung des Lebens der Frauen • Beraubung der Kinder um ihre Jugend • Unmöglichkeit der Beziehung Sali – Vrenchen	für sie selbst und andere	↓ **Konsequenzen**	für sie selbst	• Unmöglichkeit der Beziehung • Leben außerhalb der bürgerlichen Gesellschaft
• falsches Ehrbewusstsein • Folge: fehlendes Schuldbewusstsein • kein Sühnen ihrer Taten	Nein!	↓ **Sühne?**	Ja!	• echtes Ehrbewusstsein • Folge: Anerkennung der Schuld • Selbstmord infolge der Unvereinbarkeit von Glück und Schuld • Selbstmord als Sühne für die Schuld der Väter

Schlussbemerkung der Erstausgabe

Bekenntnis zum Poetischen Realismus ...

Vielleicht lässt sich das Novellenende aus heutiger Sicht besser verstehen, wenn man die der Erstausgabe der Novelle beigefügte Schlussbemerkung studiert, die Keller auf Anraten seiner Freunde in späteren Ausgaben gestrichen hat. Vorsichtig setzt er sich darin mit dem Selbstmordproblem auseinander, indem er sich einerseits vom Freitod der Liebenden distanziert, andererseits einem arbeitsreichen Leben und der Entsagung das Wort redet. Wenn er von dem „unmerklichen Einfluss" (S. 125, Z. 14) schreibt, den eine derartige Hinwendung zum Leben ausübt, formuliert

An der Sihl (Aquarell 1837)

er eine Grundanschauung des Poetischen Realismus. Schon Adalbert Stifter hatte von dem „sanften Gesetz“ gesprochen, nach dem nicht die großen Katastrophen das Leben wahrhaft prägen, sondern die alltäglichen kleinen und unscheinbaren Ereignisse.[1] Auch Keller schreibt mit der Novelle „Romeo und Julia auf dem Dorfe“ gegen Weltflucht und Träumerei an, propagiert Weltbejahung und Lebenstüchtigkeit und steht damit ganz in der Tradition Ludwig Feuerbachs (vgl. S. 69 ff. dieser Arbeit).

... und tiefe Gefühle der einfachen Leute

Andererseits macht Keller in seinem ursprünglichen Schlusswort darauf aufmerksam, dass mit dem Liebestod der Bauernkinder die tiefen Gefühle, von denen die Poeten singen, nicht aus der Welt verschwunden sind. Seiner Ansicht nach ist es das einfache Volk, das ihrer noch fähig ist, nicht die Schicht der Gebildeten und Zivilisierten, die ohne jede Gefühlstiefe nur mehr frivole Spiele treiben (vgl. S. 125, Z. 17 ff.).

---

[1] Adalbert Stifter (1805–1868): österr. Schriftsteller; in: Vorrede zu den Erzählungen des Bandes „Bunte Steine“

Hintergründe

Der historische Kontext

Restaurative Bestrebungen in Europa

Keller lebte im 19. Jahrhundert und wird in eine Zeit vielfacher Umbrüche und dynamischer Entwicklungen in Politik, Gesellschaft, Wirtschaft und Kultur hineingeboren: Nach dem Ende der Herrschaft Napoleons[1] über Europa bestimmen die restaurativen Bestrebungen von Kanzler Klemens Wenzel Fürst von Metternich[2] die Politik. Es ist eine Politik der Intervention und der Restriktion gegen alle revolutionären Bestrebungen in Deutschland. Im Wiener Kongress[3] kommt es zu einer Rückkehr zum alten Feudalsystem. Dieses war zwar durch die Französische Revolution (1789–1799) und die Napoleonischen Kriege[4] erschüttert worden, soll aber nun wiederauferstehen. Der Erhebungskampf und die Freiheitskriege gegen Napoleon hatten zunächst nur geistige Reformen geliefert. Vertieft wurden in dieser Zeit nationale Werte, die Freiheitsidee und ein sensibles Geschichtsbewusstsein. Metternich schafft gegen diese revolutionären Strömungen die „Heilige Allianz", einen Bund zwischen Russland, Österreich und Preußen.

Liberalisierungsbewegungen in Europa

1830 setzt von Frankreich her eine Liberalisierung ein, die von der Julirevolution ihren Ausgang nimmt und auf bür-

---

1 Napoleon I. (1769–1821): von 1804 bis 1814/1815 Kaiser der Franzosen

2 Metternich, Klemens Wenzel Lothar Fürst von (1773–1859): österr. Politiker; 1801–1806 Gesandter in Dresden und Berlin und 1806 Botschafter in Paris, 1809 Außenminister, 1810–1848 Staatskanzler

3 Wiener Kongress (1814/1815): Kongress von Herrschern und Staatsmännern aller europäischen Staaten (ohne Osmanisches Reich) zur Neuordnung Europas nach den Kriegen gegen Napoleon I. unter Leitung des österreichischen Staatskanzlers Fürst von Metternich

4 Napoleonische Kriege: Kriege, die Napoleon I. nach Beendigung der Französischen Revolutionskriege im Friedensschluss von Amiens (1802) seit 1803 mit den europäischen Mächten führte

gerlich-demokratische Rechte sowie Freiheitsrechte abzielt. In einzelnen Bundesstaaten stimmen die Landesherren vor dem Hintergrund der Unruhen und der Aufstände neuen Verfassungen zu, die den bürgerlichen Kräften größeren Einfluss in politischen und wirtschaftlichen Fragen zubilligen, was jedoch nicht von Dauer ist. Einer der berühmtesten Proteste ist der der Göttinger Sieben (1837), die gegen einen Verfassungsbruch des Königs von Hannover protestieren. Die sieben Göttinger Professoren werden jedoch schließlich ihrer Ämter enthoben. Insgesamt ist diese Epoche zwar als arm an äußeren politischen Ereignissen zu bezeichnen, sie gilt aber als eine Zeit der Vorbereitung auf die nationale, liberale und demokratische Bewegung in ganz Europa.

Umwälzungen in der Schweiz

Speziell in der Schweiz, der Heimat Gottfried Kellers, vollziehen sich zwischen 1830 und 1869 insgesamt vier bedeutsame Umwälzungen, eigentlich Systemwechsel – dazu auf eidgenössischer Ebene der von ganz Europa mit Spannung verfolgte, kriegerisch vollzogene Übergang zum Bundesstaat 1847/1848 und schließlich dessen Erneuerung 1872/1874. Zu Beginn ist die Schweiz 1846/1847 zwischen konservativen Föderalisten und liberalen Zentralisten gespalten. 1847 findet schließlich der Sonderbundskrieg statt, das letzte aufständische Ereignis vor dem Revolutionsjahr 1848.

Der Sonderbundskrieg

Seit 1830 hatte die radikale Partei für einen straff organisierten Bundesstaat gearbeitet. Die Mehrheit der Kantone, unterstützt von England und Frankreich, hatte sich zum Sonderbund zusammengeschlossen. Durch den raschen militärischen Sieg der Mehrheitskantone über die konservative katholische Minderheit setzt sich die liberale Staatsidee durch. Die Schweiz wird zu einem Bundesstaat mit einer bürgerlich-liberalen bundesstaatlichen Verfassung. Der Sieg des Sonderbunds wird auch als Sieg über das alte System gefeiert. Im Gefolge dieses Siegs erheben sich auch die zum Kaiserreich Habsburg gehörigen oberitalienischen Städte gegen Habsburg. Der Sonderbundskrieg, bei dem auch Gottfried Keller in Wort und Tat mitwirkt, wird somit richtungsweisend für die Revolution von 1848[1].

Gottfried Keller als Freischärler, Aquarell von Johannes Ruff

[1] Märzrevolution: Anfangsphase der deutschen Revolution 1848, ausgelöst durch die erfolgreiche französische Februarrevolution; wichtigste Etappen: 13.03. Wiener Aufstand (Sturz Metternichs), 16.03. Ministerwechsel in Sachsen, 18.03. Barrikadenkämpfe in Berlin, 20.03. Abdankung Ludwigs I. von Bayern; bedeutende „Märzerrungenschaften“: Sieg des konstitutionellen Regierungssystems, Gewährung der Pressefreiheit, Einführung von Schwurgerichten, Volksbewaffnung sowie Anbahnung von Wahlen zu einem deutschen Nationalparlament

Kellers Lebensstationen

Kindheit und Jugend

Gottfried Keller wird am 19. Juli 1819 in Zürich im Haus „Zum goldenen Winkel" am Rindermarkt als zweites von sechs Kindern, von denen nur er und seine jüngere Schwester Regula überleben, geboren. Der Vater ist ein sozial engagierter sowie bildungs- und kunstgläubiger Handwerker, die Mutter Elisabeth, geb. Schleuchzer, ist die Tochter eines Arztes und trotz ihrer Begeisterung für Literatur eine eher praktisch und nüchtern veranlagte Frau. Der frühe Tod seines von ihm hochverehrten Vaters 1824 verändert Kellers Leben in zweifacher Hinsicht: Einerseits macht der Tod ihn zum Halbwaisen, gleichzeitig muss er im Alter von fünf Jahren die Verantwortung für Mutter und Schwester übernehmen.

Gottfried Keller

Schulische Ausbildung

1825 tritt Keller in die Armenschule „Zum Brunnenturm" ein, zu dessen Vorstand der Vater gehört hatte. Im gleichen Jahr heiratet Kellers Mutter den 1. Gesellen der Drechslerei, Jakob Wild, der zehn Jahre jünger als sie selbst ist. Keller, der sich bis dato für seine Mutter und Schwester verantwortlich gefühlt hatte, wird nun plötzlich aus der Rolle des Familienoberhauptes gerissen. Mit dem neuen Mann an der Seite seiner Mutter wird er nicht glücklich, für ihn bedeutet diese Heirat einen Liebesverrat an ihm.

Ab 1831 besucht er das Landknabeninstitut und ab 1833 die Kantonale Industrieschule.

Gottfried Kellers Mutter und Schwester um 1860

Kellers Schulverweis

1834 wird Kellers Schulkarriere jäh durch einen Schulverweis beendet, da er verdächtigt wird, Mitschüler gegen einen Rechenlehrer aufgewiegelt zu haben. Dieser Schulverweis prägt Kellers kritische Einstellung zur herrschenden Pädagogik, gleichzeitig wird er dadurch aber auch zum Einzelgänger und unfreiwillig zum Autodidakten. Er wird in die Obhut seines Onkels Dr. Schleuchzer im 30 Kilometer entfernen Glattfelden gegeben, wo er schon seit 1832 regelmäßig bei seiner Großmutter die Ferien verbracht hatte. Dieser kann im Gegensatz zu den Lehrern der Kantonalen Industrieschule an dem jungen Gottfried nur Eifer, Geduld und Folgsamkeit rühmen. Aus dieser Zeit stammt auch ein Briefwechsel Kellers mit seiner Mutter, in dem er erstmals den Wunsch äußert, Kunstmaler zu werden. Im gleichen Jahr lässt sich seine Mutter nach längeren Streitigkeiten wieder von Jakob Wild scheiden.

Entscheidung zum Kunststudium

Der Wunsch, Kunstmaler zu werden, führt Keller wieder nach Zürich zurück, um eine Lehre zum Lithografen bei Peter Steiger zu beginnen. Steiger ist aber wohl kein besonders guter Lehrmeister und nicht Kellers erste Wahl, später nimmt er deshalb Privatunterricht bei Rudolf Meyer (1837/1838).

Studium der romantischen Landschaftsmalerei in München

1840 verlässt Keller Zürich, um in München romantische (Landschafts-)Malerei zu studieren. Sein Leben dort, das geprägt ist vom Spannungsfeld zwischen Bürgerlichkeit, großspurigem Studentenleben und der Kunst der alten Meister einerseits und dem Scheitern seiner Versuche, sich als Landschaftsmaler zu etablieren, andererseits, spiegelt sich in seinem autobiografischen Roman „Der grüne Heinrich" (1854/1855) wider. Keller ist unschlüssig, ob er sich als Literat ganz und gar der Romantik oder dem Realismus hingeben soll. Schließlich wird für Keller deutlich, dass sein Talent zum Kunstmaler nicht ausreicht. Dennoch prägt diese Zeit des Studiums in München seine Vorliebe für ausführliche Beschreibungen von Landschaften und anderen Szenerien in seinen Werken.

Von der Malerei zur Poesie

1842 kehrt Keller wieder in die Schweiz zurück, wo er bei seiner Mutter und seiner ledigen Schwester Regula bis 1843 in Glattfelden lebt. Diese Phase wird für Keller eine Zeit der äußeren Stagnation, während der jedoch erste Gedanken an eine eigene literarische Tätigkeit geboren sein müssen. Keller beschäftigt sich in dieser Zeit viel mit Literatur und liest vor allem auch Wilhelm Hauff[1] und Ludwig Tieck[2]. 1843 verweist ihn Salomon Geßner[3] auf „die Poesie, die wahre Schwester der Malerei", und Keller kehrt sich langsam von der Malerei ab.

Der Lyriker

Keller widmet sich zuerst der Lyrik, vor allem der Liebeslyrik, die aber im Gegensatz zu seinem Prosawerk, das schon zu seinen Lebzeiten hoch geschätzt war, nie großen Anklang findet. Von seinem großen politischen Interesse und seiner Begeisterung für die Revolution zeugt seine politisch motivierte Lyrik. Keller kann während dieser ganzen Zeit nicht von seiner Kunst leben und ist auf die Unterstützung durch

---

[1] Hauff, Wilhelm (1802–1827): deutscher Schriftsteller der Romantik
[2] Tieck, Ludwig (1773–1853): deutscher Dichter der Romantik
[3] Geßner, Salomon (1730–1788): Schweizer Dichter, Maler und Grafiker

die Mutter angewiesen. Er hält sich mit gelegentlichen, kleineren literarischen Veröffentlichungen, darunter v.a. Gedichte, über Wasser und beginnt ein Volontariat in der Staatskanzlei unter dem ersten Staatsschreiber Alfred Escher. Als überzeugter Republikaner und Demokrat umgibt Keller sich in Zürich mit deutschen Emigranten, unter anderem mit den politischen Dichtern Herwegh[1], Freiligrath[2] und Hoffmann von Fallersleben[3], durch die er Anerkennung und Unterstützung erfährt. Sie sorgen auch dafür, dass seine erste Gedichtausgabe gedruckt wird. Bedeutsam für Keller wird in diesen Jahren die Begegnung mit dem Schweizer Komponisten Wilhelm Baumgartner[4], der ein enger Freund Kellers wird. Die Vertonung vieler Texte Kellers zeugt bis heute von dieser Freundschaft.

Begegnung mit Zeitgenossen

1848 erhält Keller ein Stipendium der Stadt Zürich und verlässt deshalb seine Schweizer Heimat zum Studium der Geschichte in Heidelberg. Hier werden vor allem drei Persönlichkeiten wichtig für ihn: Ludwig Feuerbach[5], der Anthropologe Jakob Henle[6] und Hermann Hettner[7], der für ihn ein lebenslanger Freund und Berater ist.

Studienaufenthalt in Heidelberg

[1] Herwegh, Georg (1817–1875): deutscher Lyriker

[2] Freiligrath, Ferdinand (1810–1876): deutscher Schriftsteller und leidenschaftlicher Freiheitsdichter

[3] Hoffmann von Fallersleben, eigentlich August Heinrich Hoffmann (1798–1874): deutscher Lyriker und Literaturhistoriker

[4] Baumgartner, Wilhelm (1820–1867): Schweizer Chordirigent und Komponist

[5] Feuerbach, Ludwig (1804–1872): deutscher Philosoph und einflussreichster Denker des Vormärz. Sein Werk „Das Wesen des Christentums" (1841) enthält eine Kritik des Christentums unter anthropologischen Gesichtspunkten: Das Christentum sei eine Vergegenständlichung des menschlichen Gefühlslebens und als solche zugleich eine Entfremdung des Menschen von seinem eigenen Wesen.

[6] Henle, Friedrich Gustav Jakob (1809–1885): deutscher Anatom und Pathologe

[7] Hettner, Hermann (1821–1882): deutscher Literaturhistoriker

Begegnung mit Ludwig Feuerbach

Feuerbachs Projektionstheorie[1] und die damit verbundene Hinwendung zum Humanismus entspricht ganz Kellers Einstellung. Feuerbach bestärkt Keller in seinen Grundgedanken von der Natur als der einzigen und zuverlässigen Macht, durch die der Mensch sein Schicksal meistern und sich so zu einem gerechten Mitglied der Gesellschaft entwickeln könne. Natur schließe auch Kunst und Kultur, Politik und Gesellschaft ein. Natur sei alles Echte, Wahre, Dauernde und Notwendige. In ihr hätten Krankhaftes, Gekünsteltes und Unwahres keinen Platz.

Schreiben als erzieherischer Auftrag

Aufgabe des Dichters sei es nach Feuerbach, dem Menschen dahin gehend Einsichten und Erkenntnisse zu ermöglichen, was seiner naturgemäßen Bestimmung entspreche, nämlich der Humanität. Somit fördert Feuerbach in Keller das Bewusstsein, dass der Dichter nicht ein einsamer Fantast sein dürfe, sondern eine pädagogische Rolle zu übernehmen habe.

Hinwendung zum Menschen als oberstes Prinzip

Zudem unterstützt Feuerbach Keller bei der für ihn wichtigen Klärung seiner religiösen Vorstellungen und bestärkt ihn in der Ablehnung einer strengen Kirchenfrömmigkeit. „Homo homini deus est! – Der Mensch werde dem Menschen Gott!" Diese Erkenntnis bzw. Forderung Feuerbachs wird für Keller elementar. Er erkennt, dass der Mensch im Sinne Feuerbachs sein Streben ins Diesseits verlagern und sich nicht aufs Jenseits verlegen solle.

Bruch mit Feuerbach

Zum Bruch mit Feuerbach, der für Keller eine Art Vaterfigur geworden war, kommt es, als Keller erfahren muss, dass sich seine große Liebe Johanna Kapp (1849) und Ludwig Feuerbach zueinander hingezogen fühlen und er in ihrem Leben nicht die erhoffte Rolle spielt. Auch wenn ihn dieser Verrat sehr hart trifft, bleibt Keller in Heidelberg und 1849

[1] Projektionstheorie: atheistische Erklärung der Entstehung von Gott und Religion, eigene Sehnsüchte des Menschen wie Vollkommenheit und Glückseligkeit werden auf eine Gottheit projiziert (= übertragen)

verhilft das zweite Stipendium der Stadt Zürich ihm dazu, weiter Feuerbachs Vorlesungen hören zu können.

Berliner Studienaufenthalt

1850 verlässt er jedoch Heidelberg und siedelt über nach Berlin, wo er Bekanntschaften zu vielen jungen Dichtern unterhält. Dennoch fühlt er sich während dieser Zeit oft einsam, da ihn die Salons der Großstadt einerseits langweilen und ihm andererseits die Vergnügungen aufgrund seines chronischen Geldmangels zu teuer sind. 1851 erhält er sein drittes und 1852 sein letztes Stipendium der Stadt Zürich. Da Keller jedoch trotz der Stipendien und nach ihrem Wegfall unter noch mehr Geldmangel leidet, verkauft seine Mutter 1852 das Haus „Zur Sichel", um den Sohn im fernen Berlin zu unterstützen.

Geldmangel als Triebfeder für das Schreiben

Jedoch kann diesem Geldmangel nicht nur Negatives zugeschrieben werden, denn er wird zu einer der wichtigsten Triebfedern für Kellers Schaffen, sodass die Berliner Zeit zu Kellers literarisch fruchtbarsten Phase wird und hier ein Großteil seines Gesamtwerks entsteht, unter anderem die Novellensammlung „Die Leute von Seldwyla" und darunter „Romeo und Julia auf dem Dorfe". 1853 vollendet Keller seinen großen autobiografischen Roman „Der grüne Heinrich". Auch seine dramatischen Versuche will Keller in Berlin zur Vollendung bringen, jedoch kommt er mit dieser Gattung nie zurande. Unter dem Einfluss Jeremias Gotthelfs[1], den er als episches Genie verehrt, schreibt er stattdessen an seinem Novellenzyklus weiter.

Rückzug aus Berlin

Geldnot und Schulden zwingen Keller dann, seinen Wohnsitz in Berlin aufzugeben und wieder nach Zürich umzusiedeln. Nicht minder verantwortlich für seinen Rückzug aus Berlin scheint Kellers unerwiderte Liebe zu Betty Tendering gewesen zu sein, von der zwei Schreibunterlagen mit den Kritzeleien eines Verliebten zeugen. Ob Kellers Geldnot

[1] Gotthelf, Jeremias, eigentlich Albert Bitzius (1797–1854): Schweizer Schriftsteller

Kellers Schreibtischunterlage

wirklich so essenziell war, ist fraglich, denn 1854 lehnt er eine Professur am Polytechnikum in Zürich und 1857 eine Anstellung als Sekretär des Kunstvereins Köln ab.

Zurück in Zürich

In Zürich wird nun sein Bildungsroman „Der grüne Heinrich" verlegt. 1856 erscheint die erste Ausgabe der Novelle „Romeo und Julia auf dem Dorfe", 1860 das „Fähnlein der sieben Aufrechten" und 1872 „Sieben Legenden". 1874 veröffentlicht Keller „Dietgen" und 1873 erscheinen alle drei Bände von „Die Leute von Seldwyla". Als Conrad Ferdinand Meyer[1] Band vier ablehnt, empfindet Keller dies als herben Rückschlag.

Keller als Staatsschreiber

1861 wird Keller zum ersten Staatsschreiber und später auch in den Großen Rat der Stadt Zürich gewählt. Durch das Amt steigt er zum Leiter der Staatskanzlei auf und ist in alle politi-

[1] Meyer, Conrad Ferdinand (1825–1898): Schweizer Schriftsteller, Vertreter des Poetischen Realismus (Gedichte, Novellen)

schen Geschäfte involviert. Ambitionen auf noch höhere Beamtenposten scheint Keller nicht gehabt zu haben, jedoch geht er in seiner neuen Tätigkeit auf und übt sie 15 Jahre aus. Mit seiner Mutter und seiner Schwester bezieht Keller eine Dienstwohnung im „Steinhaus". Unerwartet stirbt im Februar des Jahres 1864 seine Mutter, was ihn schwer trifft. 1869 wird Keller an seinem 50. Geburtstag von der Philosophischen Fakultät der Universität Zürich die Ehrendoktorwürde verliehen. 1875 bezieht er mit seiner Schwester Regula eine Wohnung außerhalb der Stadt auf dem Bürgli. Die Staatsumwälzungen in der Schweiz hin zu einer direkten Demokratie, die Keller beargwöhnt, und die damit verbundene Arbeitsbelastung in seinem Amt lassen Keller kaum mehr Zeit für das Schreiben, sodass er sich 1876 veranlasst sieht, seine Stellung als Staatsschreiber aufzugeben.

Leben als freier Schriftsteller

Keller kann nun sehr gut von der Schriftstellerei leben. 1878 erhält er aufgrund der eben erschienenen „Züricher Novellen" das Ehrenbürgerrecht der Stadt Zürich und damit sein lang ersehntes Heimatrecht. Im gleichen Jahr macht er Bekanntschaft mit Theodor Storm[1]. 1884 besucht Friedrich Nietzsche[2] Keller. Nietzsche hat Keller nachweislich hoch verehrt, was aber wohl nicht auf Gegenseitigkeit beruhte. Nach dem Tod seiner geliebten Schwester Regula 1888 zieht Keller sich immer stärker zurück, den Feiern zu seinem 70. Geburtstag geht er weitgehend aus dem Weg. Keller stirbt am 15. Juli 1890 in Zürich.

Auf der Suche nach seinem Platz im Leben

Keller war zeitlebens auf der Suche nach seinem Platz im Leben und oft wollte er Dinge, die nur schwer für ihn erreichbar waren. Dazu zählt auch seine hoffnungslose Vorliebe für große und attraktive Frauen. Der etwas untersetzte Keller – manche Quellen sprechen sogar davon, dass

[1] Storm, Theodor (1817–1888): deutscher Schriftsteller, Vertreter des Poetischen Realismus (Gedichte, Novellen)

[2] Nietzsche, Friedrich (1844–1900): deutscher Philosoph

Jüngling an einen Baum gelehnt, Zeichnung von Gottfried Keller

er kleinwüchsig gewesen sei, andere dementieren dies – wollte zeitlebens eine eigene Familie, was ihm jedoch nicht vergönnt war. Zu seinen unglücklichen Liebschaften zählt Henriette Keller, die schon mit 19 Jahren verstirbt. 1845/1846 entwickelt er eine Liebe zu Marie Melos und schon im darauffolgenden Jahr zu Luise Rieter. 1849 schwärmt er für Johanna Kapp, die jedoch Ludwig Feuerbach liebt. 1854/1855 verehrt er Betty Tendering. 1866 kommt es sogar zur Verlobung mit Luise Scheidegger, die sich jedoch noch im gleichen Jahr ertränkt. 1873 macht er erneut einen Heiratsantrag, diesmal Lina Weißert, der jedoch nicht erhört wird. Und 1888 stirbt die Frau, die am längsten an seiner Seite stand, seine Schwester Regula.

Ein künstlerischer Mensch

Gottfried Kellers Zeichnung von einem Jüngling, der an einem Baum gelehnt den Blick in die Ferne schweifen lässt, beschreibt die symbolische Lebenssituation, die Keller im Bildungsroman „Der grüne Heinrich" dem künstlerischen Menschen und damit auch sich selbst zuschreibt: „[…] dass er sich eher leidend und zusehend verhalten und die Dinge an sich vorüberziehen lassen als ihnen nachjagen soll; denn wer in einem festlichen Zuge mitzieht, kann denselben nicht so beschreiben wie der, welcher am Wege steht."[1]

[1] In: Keller, Gottfried: Der grüne Heinrich. Zweite Fassung, 3. Band, 1. Kapitel

Diese Beschreibung von sich selbst sagt vielleicht mehr über Gottfried Keller aus als all seine biografischen Daten.

Literarische Einflüsse auf Kellers künstlerische Entwicklung

Gottfried Kellers Werk ist von unterschiedlichen Einflüssen geprägt. Neben den revolutionären Tendenzen in Europa, die Keller mit Spannung verfolgt, bestimmen ihn auch die verschiedenen literarischen Strömungen seiner Zeit.

Einflüsse der Romantik

Die Romantik als literarische Epoche wird von 1798 bis circa 1830 datiert. Sie ist aber vor allem auch eine über die romantische Dichtung hinausgreifende Bewegung, die alle Gebiete des geistigen Lebens und Schaffens umspannt und das 19. Jahrhundert hindurch mitbestimmt. Als zentrale Vertreter der literarischen Epoche der Romantik gelten Novalis[1], Ludwig Tieck[2] und Friedrich Schlegel[3] (Frühromantik), Clemens Brentano[4] und Joseph von Eichendorff[5] (Hochromantik) sowie E. T. A. Hoffmann[6] (schwarze Romantik).

Kennzeichen der Romantik

Insgesamt kommt gegen Ende des 18. Jahrhunderts ein neues Lebens- und Kunstverständnis auf, das dem Rationa-

---

[1] Novalis (Friedrich von Hardenberg, 1772–1801): Vertreter der Frühromantik („Hymnen an die Nacht", Romanfragment „Heinrich von Ofterdingen")

[2] Tieck, Ludwig (1773–1853): Vertreter der Frühromantik („Volksmärchen")

[3] Schlegel, Friedrich (1772–1829): Vertreter der Frühromantik (Begriff der „progressiven Universalpoesie")

[4] Brentano, Clemens (1778–1842): Vertreter der Hochromantik (Liedersammlung „Des Knaben Wunderhorn")

[5] von Eichendorff, Joseph (1788–1857): Vertreter der Hochromantik („Aus dem Leben eines Taugenichts")

[6] Hoffmann, Ernst Theodor Amadeus (1776–1822): Vertreter der schwarzen Romantik, der in seinen Dichtungen eine andere, geheimnisvolle Welt sinnlichen Reizes entstehen lässt, die spukhaft und unheimlich ist („Der Sandmann")

lismus der Aufklärung Gefühl und Innerlichkeit und der strengen Form der Weimarer Klassik die freie Subjektivität des Geistes entgegensetzt.

Vor allem aber lebt die Romantik aus der Sehnsucht nach der Vereinigung mit dem Unendlichen; die Grenzen zwischen Traum, Fantasie und Wirklichkeit werden aufgehoben.

„Blaue Blume" als zentrales Symbol

Die Romantiker fordern, dass die äußere Wirklichkeit romantisiert werden müsse, dass also die Dichtung immer mehr Wirklichkeitsbereiche erfassen müsse. Friedrich Schlegels Begriff der „progressiven Universalpoesie" bedeutet eben jenes Verschmelzen des Vereinzelten in der Dichtung. Das zentrale Symbol der Romantik ist die „Blaue Blume". Sie steht für Sehnsucht und Liebe und für das metaphysische Streben nach dem Unendlichen.

Keller als romantischer (Landschafts-) Maler

Keller lässt sich in München zum romantischen (Landschafts-)Maler ausbilden, was auch sein literarisches Schaffen maßgeblich beeinflusst. Bald muss er zwar einsehen, dass sein Talent nicht zum Kunstmaler reicht, dennoch schärfen seine Studien seinen Blick für (romantische) Landschaften und Stimmungen. Immer wieder wird seinem Werk vorgeworfen, romantische Motive zu verwenden oder sogar zu romantisierend zu sein, etwa wenn er – wie Theodor Fontane[1] anmerkt – im „Märchenton" schreibe, da dieser leichter zu treffen sei als der „der Wirklichkeit".[2]

Einflüsse des Jungen Deutschland

Eine weitere literarische Strömung dieser Zeit, die Keller prägt, ist das Junge Deutschland (1830–1850), eine Dichtergruppe von Schriftstellern und Journalisten, deren Schriften wegen ihrer revolutionären Gesinnung verboten

---

[1] Fontane, Theodor (1819–1898): Vertreter des Poetischen Realismus („Irrungen, Wirrungen", „Effi Briest", „L'Adultera" etc.)

[2] Kritik von Theodor Fontane in seiner Auseinandersetzung mit Kellers „Die Leute von Seldwyla"; Theodor Fontane: Die Leute von Seldwyla, in: Nymphenburger Taschenbuch-Ausgabe, Bd. 14, München 1969, S. 213ff.

wurden. Sie setzen sich in ihren Werken zeitkritisch mit der damaligen politischen und sozialen Situation auseinander und fordern das Eingreifen des Dichters in das politische Tagesgeschehen. In dieser Zeit werden journalistische Darstellungsformen immer bedeutender.

Kennzeichen des Jungen Deutschland

Vor allem gegen die Romantik gewandt verkünden die Jungdeutschen den Beginn einer neuen Epoche, in der die Kunst bewusst politisch ist. Sie wenden sich gegen alle überkommene Autorität, sind gegen das Erstarrte und für die Bewegung. Auf politischer Ebene kämpfen sie gegen Kleinstaaterei, für eine Verfassung, gegen die Zensur sowie für das Recht auf Bildung und Selbstständigkeit.

Kontakt zu deutschen Emigranten

Mit den Ideen des Jungen Deutschland kommt Keller erstmals während seiner Zeit in München in Berührung, später umgibt sich der überzeugte Republikaner und Demokrat in Zürich mit deutschen Emigranten. Unter anderem kommt er mit politischen Dichtern wie Herwegh, Freiligrath und Hoffmann von Fallersleben in Berührung, die sein literarisches Schaffen, aber auch sein politisches Denken fördern. Sie waren vor der Zensur ihrer kämpferischen und teilweise verbotenen Schriften aus Deutschland in die Schweiz geflohen. Vom Schweizer Verlag Julius Fröbel (Zürich und Winterthur) werden ihre Schriften gedruckt und verbreitet.

Einflüsse des Realismus

Die bestimmende literarische Epoche zur Lebenszeit Kellers ist der Realismus. Er umfasst die Zeit zwischen 1850–1880, also ungefähr zwischen der Epoche der Romantik und des Naturalismus[1]. Als ihre bedeutendsten Vertreter gelten neben Gottfried Keller Conrad Ferdinand Meyer, Theodor Storm, Friedrich Hebbel[2] und Theodor Fontane. Andere Literaturwissenschaftler beschreiben mit diesem Epochen-

[1] Naturalismus: literarische Richtung des ausgehenden 19. Jahrhunderts, die ein möglichst genaues Abbild des Lebens, besonders der politischen und sozialen Wirklichkeit, schaffen wollte

[2] Hebbel, Friedrich (1813–1863): Vertreter des Poetischen Realismus („Maria Magdalena")

begriff *alle* realistischen Strömungen der Zeit, also vom Jungen Deutschland bis hin zur Jahrhundertwende. Historisch ist der Realismus bestimmt durch die schnelle ökonomische Entwicklung, die politischen Veränderungen in Europa und den aufkommenden Kapitalismus.

Kennzeichen des Realismus

Literarisch ist er geprägt durch eine Hinwendung zur Wirklichkeitsdarstellung und zur Beschreibung der gegebenen Tatsachen und natürlichen Verhältnisse und Vorgänge. Der Realismus wendet sich von der idealisierenden Darstellung der Klassik und der Romantik ab. Gerade die in der Romantik oftmals zu findende Schwärmerei wird vom Realismus abgelehnt, zugleich auch der Aktionismus des Jungen Deutschland. Der Einzelne wird unter dem Einfluss von Zufall und Notwendigkeit betrachtet.

Der Poetische Realismus

Eine Spielart des Realismus ist der „Poetische Realismus" oder auch „Bürgerliche Realismus". Er will die fassbare Welt möglichst objektiv beobachten, beschränkt sich jedoch nicht nur auf die bloße Beschreibung der Wirklichkeit, sondern versucht, diese künstlerisch zu überhöhen, um eine innere Wahrheit darzustellen. Unnütze Ausschmückungen werden abgelehnt, vielmehr erfolgt eine Rückkehr zu Einfachheit und Natürlichkeit.

Metapher vom Marmorsteinbruch

Der Begriff „Poetischer Realismus" scheint in sich widersprüchlich, doch der vermeintliche Gegensatz entschlüsselt sich, wenn man eine Metapher von Theodor Fontane aufgreift: Er stellt sich das Leben als einen Marmorsteinbruch vor. Laut Fontane sei es die Aufgabe des Dichters, seinen Stoff aus diesem Steinbruch herauszubrechen. Der herausgeschlagene Marmorklotz allein sei jedoch noch kein Kunstwerk. Erst durch die künstlerische Arbeit, das Behauen des Steins, entstehe die Dichtung.

Einordnung der Novelle „Romeo und Julia auf dem Dorfe"

Im Poetischen Realismus wird der Mensch in seiner gesellschaftlichen Umgebung beleuchtet und in Abhängigkeit von seiner Natur, seinem Charakter und der Gesellschaft betrachtet. Der Betrachtungsschwerpunkt liegt dabei auf den Konflikten, die sich daraus ergeben, und deren Lösung. Im Novellenzyklus „Die Leute von Seldwyla" schildert Keller das menschliche Verhalten innerhalb gesellschaftlicher Zwänge bzw. gesellschaftlicher Zusammenhänge, die mit dem Örtchen „Seldwyla" verbunden sind. In der Novelle „Romeo und Julia auf dem Dorfe" ist dies der Streit bis hin zur Vernichtung der beiden Familien und bis hin zum Scheitern des jungen Liebesglücks innerhalb der bürgerlichen Gesellschaft. Die Spannung der Handlung ist dabei weniger im aktiven Geschehen zu suchen als vielmehr im Inneren der Handelnden, was in der Beschreibung innerer Vorgänge seinen literarischen Ausdruck findet.

Thematik

Eine der bestimmenden Gattungen des Poetischen Realismus ist die Novelle, die häufig von einem auktorialen Erzähler vermittelt wird, so auch beim Werk „Romeo und Julia auf dem Dorfe". Er steht über dem Geschehen und kommentiert es – teils humorvoll, teils kritisch. Stilistisch ist die Zugehörigkeit des Werks zum Poetischen Realismus etwas umstritten: Kritiker sehen das Werk bis in die Wortwahl hinein in zwei stilistisch unvereinbare Hälften auseinanderfallen, die *realistische* Geschichte vom Niedergang der beiden Bauern und die *romantische* von Liebe und Tod ihrer Kinder. Andere fassen die Zweiteilung nicht als Stilbruch, sondern als ergänzendes Miteinander auf, als Zusammenklang von streitbar-harten und innig-zarten Erzähltönen. Neben romantischen Einschlägen sind auch sozialkritische Tendenzen in der Novelle erkennbar, wenn man sie als scharfsichtige Analyse der bäuerlich-bourgeoisen Lebensverhältnisse auffasst. Andere hingegen sehen in der Novelle eine autonome Dichtung von überzeitlicher Relevanz, die um das Geheimnis von Leben, Liebe und Tod kreist.

Literarische Technik

Die Novellenform bei „Romeo und Julia auf dem Dorfe"

Definition der Novelle

Die Novelle – der italienische Begriff „novella" bedeutet so viel wie „Neuigkeit" – ist eine Untergattung der Epik und stellt innerhalb dieser eine der erzählenden Kurzformen dar. Als der Vater der Novelle gilt Boccaccio[1] mit seinem Werk „Decamerone"[2]. Die Novelle hat bei Boccaccio eine explizite Aufgabe, und zwar den Zeitvertreib im Angesicht des Todes. Unterhaltung beim Lesen entsteht über die Vermittlung des Sonderbaren bzw. der Neuigkeit. Dabei ist die Länge der kurzweiligen Erzählung kein Kriterium für die Klassifizierung.

Kellers Anspruch zwischen Tradition und Neuerung

Keller wiederum hat in einem Brief über die Novelle geschrieben, man könne sie nicht klassifizieren, da ihr Sein noch immer im Werden sei. Er selbst möchte sich von jeder Reglementierung innerhalb der Novellistik lösen und schreibt einmal von der „Reichsunmittelbarkeit der Poesie"[3]. Trotz dieser Distanzierung greift Keller jedoch auf die von Boccaccio begründete Novellentradition zurück und lässt in seinem Werk wesentliche Merkmale der Gestaltung aufscheinen:

Goethes „unerhörte Begebenheit"

Goethe bemerkt zu seiner „Novelle" (1828) überschriebenen Erzählung am 29.01.1827 gegenüber Eckermann (Schriftsteller): „Wir wollen es die ‚Novelle' nennen; denn das ist eine Novelle anderes als eine sich ereignete unerhörte Begebenheit."[4]

---

[1] Boccaccio, Giovanni (1313–1375): italienischer Schriftsteller

[2] Decamerone [das; griechisch, italienisch, „Zehntagewerk"]: Hauptwerk Boccaccios, geschrieben nach dem Pestjahr 1348, Erstdruck 1470. Das „Decamerone" besteht aus 100 Novellen, die durch eine Rahmenhandlung verbunden sind. Es verarbeitet viele Motive der europäischen und orientalischen Literatur.

[3] Jeziorkowski, Klaus (Hrsg.): Dichter über ihre Dichtungen: Gottfried Keller, München 1969, S. 372

[4] Eckermann, Johann Peter: Gespräche mit Goethe in den letzten Jahren seines Lebens, Berlin/DDR, Weimar 1982, S. 194

Diese unerhörte Begebenheit findet sich auch in Kellers Novelle: Die beiden Kinder verfeindeter Väter verlieben sich ineinander und suchen erfolglos nach einer Zukunftsperspektive für ihre Liebe.

... bei Keller

Ludwig Tieck legt seinen Definitionsschwerpunkt auf den Wendepunkt innerhalb der Novelle: „Diese Wendung der Geschichte, dieser Punkt, von welchem aus sie sich unerwartet umkehrt und doch natürlich [...] die Folge entwickelt, wird sich der Fantasie des Lesers umso fester einprägen, als die Sache, selbst im Wunderbaren, unter anderen Umständen wieder alltäglich sein könnte.“[1]

Ludwig Tiecks „Wendepunkt“

Dieser Wendepunkt, der unter anderen Umständen alltäglich sein könnte, findet sich in Kellers Novelle an drei Stellen: Aus den ehemals friedlich nebeneinander lebenden Bauern werden nach dem Verkauf des Ackers Feinde, was in der Brückenszene augenscheinlich wird. Als einen weiteren Wendepunkt kann man die Liebesszene auf dem Acker begreifen, in der deutlich wird, dass die Kinder nicht gewillt sind, voneinander zu lassen, und in deren Folge Sali Vrenchens Vater „blödsinnig“ schlägt. Einen letzten Wendepunkt innerhalb der Novelle stellt der Entschluss zum Selbstmord dar. Jeder dieser Wendepunkte wäre isoliert für sich genommen als nachvollziehbar oder sogar „alltäglich“, wie es Tieck beschreibt, zu bezeichnen. Innerhalb der Erzählung werden sie aber zu wirklichen Wendepunkten der Novelle und so zum Besonderen innerhalb der Erzählung.

... bei Keller

Paul von Heyses Novellendefinition[2] stützt sich auf die neunte Novelle des fünften Tages aus Boccaccios Werk „Decamerone“, in der der verarmte Federigo seiner geliebten Dame das Letzte, was ihm geblieben ist, zum Mahl vorsetzt, seinen Falken. Diesem Falken entspricht bei Keller der mittlere, um-

Falkenmotiv

---

[1] Tieck, Ludwig: Über die Novelle, zitiert nach: Karthaus, Ulrich: Novelle, Bamberg ^{4}1996, S. 22

[2] von Heyse, Paul: Einleitung zum Neuen Deutschen Novellenschatz, 1871

strittene Acker. Bei Boccaccio ist der Falke der Grund, warum die Liebesgeschichte ein gutes Ende nimmt.

... bei Keller

Bei Keller verkehrt sich das Falkenmotiv. Der Acker ist anfangs ein Bild für den Landmann, der von seiner Hände Arbeit gut leben kann, der autark ist und auf die Städter herabblickt. Im herrenlosen Acker deutet sich das Unheil an und schließlich wird durch den Verkauf des mittleren Ackers der Acker zum Auslöser für den Streit. In diesem Acker zeigt sich auch deutlich die im nächsten Punkt beschriebene Struktur der Dorfgeschichten. Habsucht, Neid und Eifersucht zerstören die bodenständige Lebensweise des Landmannes. Die verderbte Stadt mit ihren Lastern steht der bäuerlichen Lebensart entgegen.

Straffe Handlungsführung

Unumstritten ist für Keller wie für seine Vorgänger, dass der Aufbau einer Novelle knapp und straff sein und auf den Höhe- bzw. Wendepunkt der Geschichte abzielen sollte. Die straffe Handlungsführung drückt sich bei Keller durch die zeitliche Raffung sowie die Konzentration auf wenige ausführlich geschilderte Szenen, Orte und Personen aus. Durch diese Art der Lenkung entstehen Spannung und Mitleid im Leser.

Die Novelle als „Schwester des Dramas"

Nicht zuletzt deshalb wird die Novelle als die „Schwester des Dramas" bezeichnet – eine Verwandtschaft, die sich auch in der Novelle „Romeo und Julia auf dem Dorfe" deutlich zeigt. Wie in der Exposition des Dramas werden zu Beginn die Figuren sowie die zeitlichen und örtlichen Verhältnisse eingeführt. In der steigenden Handlung verknüpfen sich die Handlungsstränge der Väter und der Kinder und es kommt zur Zuspitzung des Konflikts, der in den Handgreiflichkeiten in der Brückenszene gipfelt. Den Höhepunkt und die Peripetie bilden der Besuch Salis bei Vrenchen, die Begegnung mit dem Schwarzen Geiger und die Liebesszene auf dem Acker, die auch das Zusammentreffen mit Marti enthält. Als retardierendes Moment können die Passagen gelten, in denen Vrenchen ihr Zuhause verlassen muss und mit ihrem Geliebten ihren Hochzeitstag erlebt. Am Ende steht die Katastrophe, der gemeinsam vollzogene Liebestod.

Innere und äußere Krise

Oftmals ist für die Novelle eine innere und äußere Krise bestimmend. Die innere Krise drückt sich in der Novelle „Romeo und Julia auf dem Dorfe" durch die Verführung der beiden jungen Liebenden durch den Schwarzen Geiger aus. Diese Verführung steht im Gegensatz zur Idealvorstellung von Liebe, Ehe und Familie, die sich für sie nicht in dieser Welt verwirklichen lässt. Die äußere Krise wird durch die Liebe der beiden zueinander im Gegensatz zur Feindschaft der Väter deutlich und damit in der Abgrenzung zur Gesellschaft.

Fazit: besondere Novellenstruktur

Zusammenfassend lässt sich feststellen, dass Gottfried Keller sich mit der Novelle „Romeo und Julia auf dem Dorfe" sehr wohl innerhalb der Gattungstraditionen bewegt. Eine Besonderheit, die Kritiker wie Lobredner immer wieder hervorheben und die vielleicht innerhalb der deutschen Novellistik einmalig ist, ist die auffällige Zweiteilung des Geschehens: Der erste Teil behandelt im Wesentlichen den Streit der Bauern, der zweite die Liebe ihrer Kinder (vgl. Übersicht II, S. 132f.). Inwiefern diese besondere Struktur gelungen ist, ist umstritten.

Das Genre der Dorfgeschichten

Ideal des Landmannes

Berthold Auerbach gilt als Erfinder der Dorfgeschichten, die rührselig das ländliche Leben verklärt haben. Die späteren Dorfgeschichten standen den Salonromanen der damaligen Zeit entgegen und verfolgten oftmals eine erzieherische Richtung. Es stehen sich hier, wie auch in der Novelle „Romeo und Julia auf dem Dorfe", das ländliche Leben und das Stadtleben gegenüber. Das Ideal ist der Landmann, der sein Auskommen durch seiner Hände Arbeit bestreitet und dies auch noch mit Heiterkeit und Gelassenheit vollführt, wie es etwa in der Eingangsszene der Novelle „Romeo und Julia auf dem Dorfe" dargestellt ist.

Die Stadt als Gegenentwurf zum Landleben

Als die beiden Bauern nach Seldwyla kommen, um dort den Prozess um den Acker zu beginnen, betreten sie feindlichen Boden und ein Spielfeld, dessen Regeln sie nur unzureichend mitzuspielen verstehen. Alkoholsucht und Ausbeutung kennzeichnen das Leben in der Stadt, dargestellt in Manz' Spelunke, der Lotterieleidenschaft und schließlich in den halbseidenen Geschäften, die Manz und seine Frau in ihrer Wirtschaft betreiben. Das Stadtleben ist somit der Gegenentwurf zum Leben auf dem Land.

Seldwyla als Schauplatz des Novellenzyklus

Keller selbst beschreibt im Vorwort zu seinem Novellenzyklus die Ortschaft Seldwyla, die geografisch nicht genau lokalisiert werden kann, als einen „wonnigen und sonnigen Ort" „mitten in den grünen Bergen", der „irgendwo in der Schweiz" und „eine gute halbe Stunde von einem schiffbaren Flusse" entfernt gelegen ist. Die Stadt gilt als vermögend, ihre Bürger leben „sehr lustig" und halten „Gemütlichkeit für ihre besondere Kunst". Seldwyla ist „immer das gleiche Nest" und daher eine den Traditionen verhaftete, durchschnittliche Schweizer Kleinstadt.[1] In den Wortbestandteilen des Namens „Seldwyla" finden sich Parallelen zu obigen Beschreibungen: Mittelhochdeutsch (mhd.) „saelde" bedeutet so viel wie „Glück", „Segen", „Güte" und (mhd.) „wîl(e)" so viel wie „Zeit", „Raum", als Ortsnamensuffix auch „Weiler". Also ist Seldwyla schon vom Namen her ein Ort, an dem das Glück verweilt.

Seldwyla als ein ambivalenter Ort

Dass sich einige Schweizer Ortschaften darum stritten, Seldwyla zu sein, ist eigentlich unverständlich. Das Örtchen ist zwar den Beschreibungen nach von der Natur begünstigt. Andererseits brechen immer wieder Habgier, Neid und Eifersucht in diese vermeintliche Idylle ein, die Kellers Bürger

1 Keller, Gottfried: Die Leute von Seldwyla, Frankfurt a.M. 1987, S. 9

und deren Städtchen in ein dunkleres Licht rücken. Realistisch an diesem Örtchen ist, dass es sich hier um eine Schweizer Kleinstadt im 19. Jahrhundert handelt, die sich schwertut, mit den weltwirtschaftlichen Entwicklungen in dieser Zeit hin zum Kapitalismus zurechtzukommen. Keller war diese Schweizer Landbevölkerung aus seinen Aufenthalten in Glattfelden und den Nachbarstädten seiner Heimatstadt Zürich durchaus bekannt.

Der „Geist" Seldwylas auf dem Land

Die Novelle „Romeo und Julia auf dem Dorfe" scheint auf den ersten Blick gar nicht in diesen Novellenzyklus hineinzupassen, spielt doch die Anfangsszene in sicherer Entfernung zu Seldwyla und die beiden Bauern schauen im wahrsten Sinne des Wortes auf das Städtchen herab. Aber der Geist Seldwyls schwebt schon unbemerkt über den Häuptern der Bauern, auch wenn sie sich noch in ihrer Idylle wähnen. Im Wegpflügen einzelner Furchen am mittleren Acker ist noch nichts Ungewöhnliches zu sehen, aber in dem Sich-Bekriegen bis zur Vernichtung liegt das Besondere und damit das Novellistische an dieser Erzählung. Der stufenweise Abstieg vom Landmann zum Landarmen wird beispielsweise durch den Verkauf der Ländereien deutlich oder auch durch den Wirtsberuf der Eltern Salis.

Problem der Heimatlosen

Neben der Gruppe der Landmänner und der Städter taucht noch eine weitere Gruppierung auf, die zum Genre der Dorfgeschichten passt: die Heimatlosen, insbesondere in Gestalt des Schwarzen Geigers. Seine Geburt wurde nicht in ein Taufregister eingetragen und damit ist er ein Ausgestoßener, heimat- und rechtlos. Die beiden Bauern verharmlosen das Problem, wenn sie zu Beginn erklären, dass man ja nicht den Taufstein in die Wälder tragen könne, um ein solches Kind zu legitimieren (vgl. S. 10, Z. 3ff.). Ihnen kommt die Rechtlosigkeit des Schwarzen Geigers zugute und so wird es wohl vielen Heimatlosen ergangen sein. Für die Heimatlosen bedeutete diese Position, dass sie keine politischen Rechte innerhalb der Bürgerschaft wahrnehmen konnten und beispielsweise im Armutsfall nicht von der Gemeinde unterstützt wurden, wie beispielsweise Marti, der auf Gemeindekosten in die Anstalt aufgenommen wird. Das Schicksal der Heimatlosen war es, von Dorf zu Dorf, von Kanton zu Kanton zu ziehen und nirgends gewollt und oftmals noch nicht einmal geduldet zu sein.

Das ausweglose Schicksal der Heimatlosen

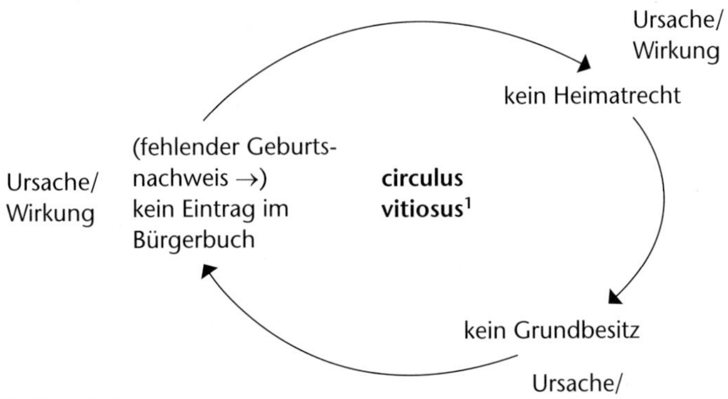

[1] c. v. = Teufelskreis

Entstehungsgeschichte der Novelle „Romeo und Julia auf dem Dorfe"

Novellenzyklus „Die Leute von Seldwyla"

Die Novelle „Romeo und Julia auf dem Dorfe" ist eingebettet in Kellers Novellenzyklus „Die Leute von Seldwyla". Die fünf Novellen des ersten Bandes[1] wurden 1855 in Berlin verfasst und erschienen 1856. Inhaltlich sind sie alle mit dem autobiografischen Roman „Der grüne Heinrich" ver-

[1] Band I: Pankraz, der Schmoller; Romeo und Julia auf dem Dorfe; Frau Regel Amrain und ihr Jüngster; Die drei gerechten Kammmacher; Spiegel, das Kätzchen

wandt, der zeitgleich entstand. Die meisten Seldwyler Geschichten sind Komödien in Novellenform mit satirisch-groteskem Einschlag, nicht aber die zweite Novelle des ersten Bandes, „Romeo und Julia auf dem Dorfe". Sie zählt neben „Kleider machen Leute" zu den berühmtesten Novellen Kellers und hat sich ihren Platz in der Weltliteratur erobert.

Quellen des Romeo-und-Julia-Stoffs

Romeo und Julia sind ein uraltes Paradigma für die schicksalhafte Beziehung zwischen Liebe und Tod. Die Quellen dieses archetypischen Stoffs reichen zurück bis in das späte Altertum, die ersten schriftlich fixierten Motive der Fabel führen noch weiter zurück, in die Zeit des Hellenismus. Hier begegnet uns beispielsweise mit Pyramus und Thisbe bereits ein junges Liebespaar, das aufgrund der Feindschaft der Familien an der Unmöglichkeit ihrer Vereinigung zugrunde geht. Allerdings ist ihr gemeinsamer Tod noch anders motiviert als bei späteren Fassungen des Stoffs.

Bekanntheit des Stoffs in der Renaissance

In zahlreichen Abwandlungen erscheint die Geschichte dann in der Novellenliteratur der italienischen Renaissance, wo die Fabel im 14./15./16. Jahrhundert solche Bekanntheit erlangte, dass sich Dichtung mit Wahrheit mischte. Dies ging beispielsweise so weit, dass ein Lokalhistoriker in Verona den angeblichen Liebestod Romeos und Julias auf das Jahr 1303 datiert hat. Niemand Geringerer als Dante[1] war es, der im sechsten Gesang seines „Purgatorio" das Motiv der Feindschaft der Familien Montague und Capulet aufbrachte, und Luigi da Porto[2] gebrauchte in seiner „Historia novellmente ritrovata di due nobili amanti" die Namen Romeo und Julia und brachte die Adelshäuser Montague und Capulet sowie den Schauplatz Verona ins Spiel.

Bearbeitung von Shakespeare

Von den Erzählern der italienischen Renaissance wanderte der Stoff über Frankreich auch nach England, wo Shake-

[1] Dante Alighieri (1265–1321): italienischer Dichter und Philosoph
[2] Luigi da Porto (1485–1529): italienischer Schriftsteller

speare seine berühmte Bearbeitung des Stoffs verfasste. Seine Tragödie wurde 1595 in London uraufgeführt. Kellers Verehrung für Shakespeare, den er nicht nur aus der Lektüre, sondern auch von Theateraufführungen in Berlin kannte, war so groß, dass die Entlehnung des Shakespeare-Titels für seine Novelle einer Huldigung gleichkommt.

Entlehnung des Stoffs aus der Wirklichkeit

Zu Beginn der Novelle behauptet Kellers Erzähler, den Stoff der sozialen Wirklichkeit seiner Zeit zu entnehmen, nicht irgendwelchen anderen Fassungen des Stoffs, was einer bloßen Nachahmung gleichkommen würde. Auch wenn der damalige wie der heutige Leser mit Kellers Fassung vor allem das Drama Shakespeares assoziiert, gilt als Auslöser für das Verfassen der Novelle offenbar weniger Shakespeares Bearbeitung als ein von Keller sorgfältig aufgehobener Artikel aus der Züricher Freitagszeitung vom 03.09.1847, dem der Freitod der Liebenden nach einer durchtanzten Nacht entlehnt ist.

Die Notiz in der Zürcher Freitags-Zeitung vom 03.09.1847

Sachsen. – Im Dorfe Altsellerhausen, bei Leipzig, liebten sich ein Jüngling von 19 Jahren und ein Mädchen von 17 Jahren, beide Kinder armer Leute, die aber in einer tödtlichen Feindschaft lebten und nicht in eine Vereinigung des Paares willigen wollten. Am 15. August begaben sich die Verliebten in eine Wirthschaft, wo sich arme Leute vergnügten, tanzten daselbst bis nachts 1 Uhr, und entfernten sich hierauf. Am Morgen fand man die Leichen beider Liebenden auf dem Felde liegen; sie hatten sich durch den Kopf geschossen.

Keimzelle der Novelle Kellers

Eine Tagebuchnotiz aus dem selben Jahr zeigt, dass die Ausgangssituation der pflügenden Bauern und damit indirekt das Motiv der Feindschaft der Bauern auch schon gefunden war und deshalb zusammen mit dem Freitod am Ende der Novelle als Keimzelle von Kellers Novelle bezeichnet werden kann. Definitiv von der Shakespeare-Lektüre angeregt ist wohl die Niederschlagung Martis durch Sali.

Weitere Anklänge an die Tragödie Shakespeares durchziehen den gesamten Text. So begleiten beispielsweise Nachtigall und Lerche die Liebenden bei beiden Autoren und leiten die Wende ein (vgl. S. 37f. dieser Arbeit).

Shakespeare und Keller im Vergleich

Abgesehen davon, dass Shakespeare ein Drama, Keller hingegen ein episches Werk verfasst hat, ergeben sich einige Unterschiede, die im Folgenden kurz dargestellt werden sollen:

William Shakespeare: *Romeo and Juliet*		Gottfried Keller: *Romeo und Julia auf dem Dorfe*
städtisch feudales Milieu des Stadtstaats Verona	*Gesellschaftsschicht*	bäuerliches Milieu der Schweiz in der Nähe der Stadt Seldwyla
Ursache: unbekannt, auf breiter Ebene unter Beteiligung vieler Figuren	*Feindschaft*	Ursache: Streit um einen brachliegenden Acker aus Habgier und Eigennutz, auf die Väter konzentriert
Aufkeimen im Hause der feindlichen Familie	*Liebe*	angelegt im Spiel der Kinder, Aufkeimen während des Streits auf der Brücke
Erstechen Tybalts (Julias Vetter) aus Rache Folge: Verbannung Romeos	*Gewalttat*	Schlagen Martis infolge der Misshandlung Vrenchens durch ihren Vater Folge: Unmöglichkeit der Ehe mit Vrenchen infolge des Schuldgefühls
zwei nacheinander verübte Selbstmorde aufgrund von Missverständnissen (→ tragische Verblendung)	*Tod*	gemeinsam verübter Selbstmord aufgrund einer klaren Willensentscheidung (→ Ausweglosigkeit und Verzweiflung)
Versöhnung der Väter	*Ausgang*	Einordnung des Geschehens als Beispiel für Sittenverfall

Parallelen zwischen Shakespeare und Keller

Trotz aller Unterschiede sind die Konstanten in beiden Werken nicht zu übersehen: In beiden Fällen bildet eine leidenschaftliche und absolute Liebe von Kindern aus verfeindeten Familien den Kern des Geschehens, in der Novelle wie im Drama werden „Liebe" und „Tod" zum Motiv des Liebestods verknüpft und in beiden Werken ist die Liebe der Kinder der Feindschaft ihrer Väter überlegen. Sali und Vrenchen emanzipieren sich wie Romeo und Julia von den beschränkten Ehrbegriffen ihrer Väter, nehmen ihr Leben selbst in die Hand und halten einander die Treue bis in den Tod.

Wirkung und Rezeption der Novelle

Lob eines Freundes

Die Wirkung des Novellenzyklus und der Novelle „Romeo und Julia auf dem Dorfe" ist durchaus ambivalent. Einhellig gelobt werden Kellers Erzählkunst sowie seine Sorgfalt und Liebe, mit der er seine Figuren und Orte ausstattet. Hermann Hettner schreibt an Keller nach der Lektüre des Novellenzyklus: „Freund, Sie haben ein klassisches Werk geschaffen. Namentlich Ihre Frau Regula[1] und Ihr ‚Romeo und Julia' wird leben, solange die deutsche Zunge lebt. Glückauf, Glückauf."[2] Insbesondere lobt er auch den „frischen Naturton" der Erzählung.

Lob für Kellers Erzählkunst

Wichtiger noch aber war für Keller Auerbachs Besprechung des Novellenzyklus „Die Leute von Seldwyla" in der „Allgemeinen Zeitung", denn diese trug maßgeblich zur Verbreitung seines Novellenzyklus bei. Auerbach, einer der beliebtesten Volksliteraten der damaligen Zeit, schreibt: „Und in der dritten Erzählung ‚Romeo und Julia auf dem Dorfe' hat der Dichter mit solcher Meisterschaft eine so berückende

[1] Frau Regula: Gemeint ist Frau Regel Amrain aus der dritten Novelle des ersten Bandes von „Die Leute von Seldwyla", in deren Figur Keller seine Schwester Regula verewigt hat.

[2] Hermann Hettner an Keller am 12.04.1856, in: Wysling, Hans (Hrsg.): Gottfried Keller, Gedenkband zum 100. Todesjahr, Zürich/München ^{2}1990, S. 249

und bezwingende Notwendigkeit und Folgerichtigkeit herbeigeführt, dass er in dieser Erzählung im Bau des Ganzen wie in wahrhaft berauschenden Einzelheiten ein Kunstwerk geschaffen, das nicht viele seines Gleichen in der deutschen Literatur hat, und diese Erzählung allein müsste Gottfried Keller den Namen eines vollgediegenen Dichters zuwenden."[1] Im Februarheft der „Rundschau", in der 1877 mehrere Dichterprofile erschienen, preist Kellers Freund und Vertrauter ihn als den „Shakespeare der Novelle"[2] in einem ihm eigens gewidmeten Gedicht.

Negative Kritik von Zeitgenossen

Trotz der überwiegend positiven Kritik mischen sich auch negative Stimmen unter die Lobeshymnen:

... am Novellenende

Moralisierend sind jene Aussagen, die dem Novellenende vorwerfen, „ausschließlich auf Genuss gerichtet" zu sein und „den Zusammenhang mit dem Sittlichen" abzubrechen.[3] Man warf Keller sogar vor, die „freie Liebe" zu propagieren, also eine Liebe ohne Trauschein, einfach dem Lustprinzip folgend. Darüber hinaus wurde kritisiert, dass er den Selbstmord gutheiße. Andere Rezensenten raten gar, den Schluss wegzulassen und den Titel des Werks durch „Sali und Vreni" zu ersetzen, da bei Keller der Bezug zur Realität von weitaus größerer Bedeutung sei als der literarische Bezug zu Shakespeare, der der Novelle eine unpassende Stimmung aufoktroyiere[4]. Keller selbst stand später seinem moralisierenden Schluss der ersten Fassung kritisch gegenüber und nahm sich vor, ihn in einer Neuauflage zu ändern.

... am Märchenton

Fontane, der einerseits Kellers Dichtergeist rühmt, spricht an anderer Stelle davon, dass die Novelle unter ihrer inhaltlichen Zweiteilung leide. Der erste Teil sei ganz dem Realismus zuzurechnen und der zweite der Romantik. Fontane wirft Keller einen Märchenton vor und bemängelt, dass

[1] Berthold Auerbach in der „Allgemeinen Zeitung" vom 17.04.1856
[2] zitiert nach: Wysling, Hans (Hrsg.): Gottfried Keller, Gedenkband zum 100. Todestag, Zürich/München ^{2}1990, S. 391
[3] Literaturblatt des Deutschen Kunstblatts, 3 [1856], S. 62
[4] aufoktroyieren: aufzwingen

sich Keller nicht an den schwieriger umzusetzenden realistischen Sprachstil halte.

Rezeption bis heute

Insgesamt wird aber deutlich, dass Keller für seine Dichtkunst im Novellenzyklus „Die Leute von Seldwyla" gelobt und bewundert wurde und er damit in die erste Reihe der deutschen Dichter aufstieg. Schon die Tatsache, dass die Novelle „Romeo und Julia auf dem Dorfe" bereits 1875 außerhalb des Novellenzyklus „Die Leute von Seldwyla" eigenständig veröffentlicht wurde, spricht für die bis heute ungebrochene Popularität der Erzählung, vor allem auch als Schullektüre.

Musikalische Rezeption

Der Stoff der Novelle wurde im 20. Jahrhundert vor allem durch die musikalische Rezeption bekannt. Am 21.02.1907 wurde die Oper „Lyrisches Drama in sechs Bildern nach Gottfried Kellers Novelle" in Berlin uraufgeführt. Während die Handlung im Wesentlichen dem Aufbau der Novelle folgt, fällt der symbolische Gehalt der Dramatisierung zum Opfer. Etwa 50 Jahre später erfuhr der Romeo-und-Julia-Stoff eine weitere Bearbeitung, diesmal in Form des bekannten Musicals „West Side Story", das 1957 in New York erstmals auf die Bühne gebracht wurde. Die Handlung wird hier ins Milieu einer New Yorker Jugendbande verlegt. Kellers Streit zwischen den Bauern wird zum Rassenkonflikt, statt in einen Selbstmord mündet das Geschehen in einen Mord.

Verfilmungen

Dass die Faszination für den Romeo-und-Julia-Stoff ungebrochen ist, zeigt auch die ungewöhnliche Shakespeare-Verfilmung von „Romeo und Julia" aus dem Jahr 1997. Der Regisseur Baz Luhrmann verlegt die Handlung in die Welt des 20. Jahrhunderts und die beiden Adelshäuser werden zu zwei mafiaähnlich geführten Industriellenclans, die um die Vorherrschaft in „Verona Beach" rivalisieren. Der Erfolg des Films, in den Hauptrollen Leonardo di Caprio und Claire Danes, zeugt von der ungebrochenen Faszination dieses Stoffs bis heute. Eine andere moderne Adaption des Stoffs findet sich in dem Actionfilm „Romeo must die" aus dem Jahr 2000. Die Grundidee für den Film geht ebenfalls auf das Shakespeare-Drama zurück.

Die Novelle „Romeo und Julia auf dem Dorfe“ in der Schule

Der Blick auf die Figuren: Die Personencharakterisierung

Eine literarische Figur charakterisieren – Tipps und Techniken

Charakterisiert man eine Figur aus einem epischen Text, muss man sich sowohl auf ihre *äußeren Merkmale* als auch auf ihre *inneren Wesenszüge* konzentrieren, um den gesamten Charakter zu erfassen. Gegebenenfalls muss auch die *Entwicklung* einer Figur innerhalb des Werks mit erfasst werden. Grundsätzlich gilt: Die Darstellung einer literarischen Figur kann sich nur aus den Informationen zusammensetzen, die im Text vorhanden sind. Diese Informationen müssen zunächst gesammelt, dann geordnet und bewertet werden.

Bei einem Prosatext ist zwischen der *unmittelbaren Darstellung durch den Erzähler* (Erzählerkommentar), der *Selbstdarstellung der Figur* (Selbstcharakteristik) und *den Aussagen anderer Figuren über die zu charakterisierende Figur* (Fremd-Charakteristik) zu unterscheiden.

Auf diesem Weg gelangt man zu einer Gesamtbewertung der Figur. Dabei soll das Wesentliche nicht in beschreibender, sondern in argumentativer Form dargelegt werden. Das bedeutet, dass alle Aussagen über die zu charakterisierende Figur durch eine oder mehrere Textstellen in direkten bzw. indirekten Textbelegen zu begründen sind. Die Zeitstufe ist das Präsens.

Für die Erarbeitung einer literarischen Charakterisierung können unter anderem folgende Aspekte und Leitfragen von Bedeutung sein:

1. **Personalien, äußeres Erscheinungsbild und sozialer Status**
   - Was erfahren wir über den Namen, das Geschlecht, die Herkunft, das Alter und den Beruf der Figur?
   - Werden auffällige äußere Merkmale beschrieben?
   - Wie stellen sich die Lebensverhältnisse und das soziale Umfeld der Figur dar?
   - Welches Verhältnis hat sie zu der Welt, der sie angehört?
   - Welche Informationen gibt es zur Vorgeschichte der Figur?

2. **Wesentliche Charaktereigenschaften**
   - Zeigt die Figur typische Verhaltensweisen und Gewohnheiten?
   - Was sind ihre hervorstechenden Wesensmerkmale und Charakterzüge?
   - Welche weltanschaulichen Einstellungen sind erkennbar?
   - Welches Bild hat die Figur von sich selbst, welches haben andere von ihr?
   - Zeigt die Figur eine Veränderung in ihren äußeren Merkmalen bzw. eine innere Entwicklung?
   - Scheitert die Figur oder wächst sie an ihren Aufgaben?
   - In welcher Beziehung steht sie zu den anderen Figuren?
   - Gibt es Parallelen und relevante Gegensätze zu anderen Figuren?
   - Gibt es direkte Gegenspieler?

3. Sprachgebrauch und Sprachverhalten

- Wie kann man den Sprachgebrauch der Figur beschreiben (Sprachebene, Sprachstil, Satzbau, Wortwahl etc.)?
- Welche kommunikativen Aussagen werden durch die nonverbale Kommunikation (Gestik, Mimik, Körperhaltung) transportiert?
- Welches Gesprächsverhalten zeigt die Figur und welche Gesprächsstrategien verfolgt sie?

4. Zusammenfassende Bewertung

- Wie lässt sich die Funktion der Figur für die Novelle beschreiben?
- Stellt die Figur einen individuellen Charakter oder einen Typus dar?
- Inwieweit sind die charakterlichen Merkmale gesellschaftlich bedingt?
- Welche Gesamtdeutung der Figur ergibt sich aus den gewonnenen Erkenntnissen?

Diese Zusammenstellung soll nicht als schematisches Gliederungsmodell verstanden werden, sondern während der Erarbeitungsphase der Charakterisierung als „Checkliste" hilfreich sein.

Einführung zum Personenbestand in Kellers Novelle

Kellers Novelle kommt mit einem sehr schmalen Figurenarsenal aus, bei dem Randfiguren so gut wie fehlen. Die Handlung wird wesentlich von fünf Figuren getragen: den beiden Bauern sowie deren Kindern und dem Schwarzen Geiger. Da die beiden Bauern über lange Strecken der Novelle nahezu auswechselbare Prototypen ihrer Klasse darstellen und erst allmählich individuelle Züge entfalten, können sie im Folgenden gemeinsam behandelt werden.

Während die beiden Mütter aus der Erzählung noch einigermaßen plastisch hervorragen, sind alle weiteren Figuren außerhalb der Familie Staffage oder nur Dialogpartner für kurze Szenen, beispielsweise die Nachbarin, die Vrenchens Bett kauft, oder die Wirtsfrauen auf der Kirchweihwanderung.
Insgesamt wirkt das Szenarium damit recht abstrakt, da Keller auf die sonst in Dorfgeschichten übliche genrehafte Gestaltung weitgehend verzichtet. Seine konzentrierte und pointierte Darstellung hebt vielmehr das Wesentliche einer Figur hervor: Charakter und Schicksal.

Die beiden Bauern: Manz und Marti

1. Personalien, äußeres Erscheinungsbild und sozialer Status

Schon in der Namensähnlichkeit von Manz und Marti – zwei zunächst wohlhabende Bauern in einem Dorf nahe Seldwyla – zeigt sich, dass die beiden weniger Charaktere als Exempel desselben Typus sind, und Gleiches bestätigt das Eingangsbild der pflügenden Bauern, deren äußere Gleichartigkeit bis hin zu ihren Zipfelmützen reicht. Es handelt sich um „lange knochige Männer von ungefähr vierzig Jahren", die „auf den ersten Blick den sichern, gut besorgten Bauersmann" verkörpern (S. 5, Z. 23ff.). Ihre „kurze[n] Kniehosen von starkem Zwillich" zeigen Falten „wie in Stein gemeißelt" (S. 5, Z. 26ff.), ihre Gesichter sind „wohlrasiert[...]" (S. 6, Z. 3f.). Sie gleichen einander „vollkommen" und stellen, so der Erzähler, „die ursprüngliche Art dieser Gegend" dar (S. 6, Z. 12ff.).

2. Wesentliche Charaktereigenschaften
2.1 Ordentlichkeit und Wohlbefinden

Zu ihrer soliden äußeren Erscheinung passt die ruhige und sichere Art, mit der sie ihre Feldarbeit verrichten, „[l]angsam und mit einer gewissen natürlichen Zierlichkeit" (S. 6, Z. 8f.) bewegen sie sich über die Felder. Ebenso harmonisch fügt sich in das Gesamtbild, dass sie „als gute Nachbaren" (S. 7, Z. 32f.) gemeinsam mit ihren Kindern das

Mittagsmahl „im Schatten eines jungen Lindengebüsches" (S. 7, Z. 21 f.) einnehmen.

2.2 Hochmut und Ausgrenzung

Sobald die beiden Bauern miteinander ins Gespräch kommen, wird deutlich, dass sich ihr vermeintlich so wohlgeordnetes Dasein auf Abgrenzung gegenüber der Stadtbevölkerung von Seldwyla und auf Ausgrenzung der Heimatlosen gründet. Ihre verächtlichen und sarkastischen Bemerkungen über die „Lumpenhunde zu Seldwyl" (S. 8, Z. 11), den „verdorbenen Trompeter[...]" (S. 9, Z. 7) und das „Kesselvolk" (S. 9, Z. 22) zeigen, dass sich das starke Selbstbewusstsein und das selbstgerechte Weltbild der Bauern aus groben Vorurteilen nähren und ihnen Toleranz und Gerechtigkeit völlig fremd sind. Dies wird ihnen in ihrem Rechtsstreit um den Brachacker auch in ihrem Umgang miteinander zum Verhängnis.

2.3 Habgier und Eigennutz

Manz und Marti sehen zwar im Schwarzen Geiger den Besitzer des mittleren Ackers, wollen ihn aber in Unkenntnis über sein Eigentum lassen und beruhigen sich mit der Feststellung, dass er sich von dem Erlös des Besitzes ohnehin nur verschwenderisch „[e]inen Monat lang [...] besaufen" würde (S. 9, Z. 13f.). Daher verleugnen sie mögliche Ansprüche des Schwarzen Geigers auf den mittleren Acker und verweigern ihm jede soziale Unterstützung, indem sie ihm einen „Taufschein" (S. 9, Z. 28) nicht zugestehen wollen. Dieses Verhalten ist ein Musterbeispiel für Schuldverdrängung: Vordergründig geht es um den Schwarzen Geiger und seinen Besitzanspruch, insgeheim aber versuchen die beiden, sich ihrer gegenseitigen Komplizenschaft bei einem Landraub zu versichern. Triebkraft dieser Ablehnung des als bedrohlich empfundenen Fremden ist also die blanke Habgier. Aus purem Drang der Selbstbereicherung schneiden sich die beiden Bauern jeweils „eine ansehnliche Furche vom mittlern Acker" (S. 14, Z. 7f.) ab. Ihr Selbstbetrug veranlasst den Erzähler zu folgendem Kommentar:

„Jeder sah wohl, was der andere tat, aber keiner schien es zu sehen“ (S. 14, Z. 9f.).

2.4 Beschränktheit ihres Wesens

Wenn Manz sich an der „ungehörige[n] Einkrümmung“ (S. 16, Z. 20) stört, nachdem Marti ein „gutes Dreieck“ (S. 16, Z. 16) abgeschnitten hat und „den Strich wieder grad“ (S. 16, Z. 22) machen will, damit alles „eine ordentliche grade Art“ (S. 16, Z. 31) hat, dann zeigt sich, dass die Bauern nur die geometrische Bedeutung des Begriffspaares „krumm – gerade“ im Sinn haben, nicht aber die moralische Komponente, nach der die unerlaubte Verkleinerung des mittleren Ackers längst als „krummes Ding“ und unerlaubte Rechtsbeugung bezeichnet werden müsste. Ursache für die hier einsetzende katastrophale Entwicklung ist also kaum der eher geringfügige materielle Anlass als vielmehr die Beschränktheit von Manz und Marti, die in ihrer versteinerten Borniertheit und Kurzsichtigkeit die Folgen ihres Handelns nicht überblicken. Sie klammern sich an den „beschränkteste[n] Rechtssinn von der Welt“ (S. 19, Z. 33f.), der ähnlich wie gegenüber den Stadtbewohnern, den Heimatlosen und dem Schwarzen Geiger jede vernünftige Verständigung ausschließt. Bald ist es nicht mehr der fragliche Ackerzipfel, um den gestritten wird, sondern mit größter Sturheit und „der Leidenschaft des Streites“ verteidigt ein jeder von beiden seine „wunderliche[...] Ehre“ (S. 20, Z. 16f.).

2.5 Persönlichkeitsveränderung infolge des Rechtsstreits

Ebenso wie Manz und Marti zu Beginn der Novelle in ihrer Ordentlichkeit und in ihrem Wohlbefinden nicht voneinander zu unterscheiden sind, vollzieht sich auch ihr Niedergang in offensichtlicher Parallelität. Nicht zuletzt ist es auch ihrer Wesensgleichheit zuzuschreiben, dass die Aggression gegen den anderen, die sich letztlich an einer Nichtigkeit entzündet, und die Wut auf die eigene Person eine gefährliche Verbindung eingehen. Es zeigt sich bei beiden vom ersten Streitpunkt an eine gewisse „Änderung in [ihrem] Wesen“ (S. 17, Z. 23f.), angefangen bei einer

„neuen" Härte im Umgang mit den eigenen Kindern: Während Manz seinen „kaum elfjährigen Jungen" (S. 17, Z. 24) gegen den Willen der Mutter Feldarbeit verrichten lässt, um „das Unrecht [zu] betäuben" (S. 18, Z. 1 f.), wie der Erzähler es formuliert, verpasst Marti seiner Tochter, die ebenfalls mit von der Partie ist, ohne erkennbaren Grund einige Ohrfeigen (vgl. S. 18, Z. 32 f.). Diese Verlagerung der Aggression vom ebenbürtigen Widersacher auf die Kinder als unschuldige Opfer rächt sich spätestens dann, als Marti durch Salis Notwehr den Verstand verliert (vgl. S. 49, Z. 17 ff.).

2.6 Verlust der materiellen Lebensgrundlage …

Unmittelbare Folge des Rechtsstreits sind Geldverluste auf beiden Seiten, denn Manz und Marti geraten in Abhängigkeit von gewinnsüchtigen Helfern und lassen sich auf verlustreiche Glücksspiele ein. Infolgedessen verkehren sie auch in heruntergekommenen Spelunken und zeigen nichts mehr von ihrer ehemals so ordentlichen und zuverlässigen Arbeitsweise: Haus und Hof werden vernachlässigt bzw. verkauft. Damit kann der unerbittliche Prozess der sozialen Aussonderung nicht mehr aufgehalten werden. Letztlich haben die Bauern mit ihrem stückweisen Raub am Feld eines Heimatlosen selbst erste Schritte in das Außenseitertum und in die soziale Isolation getan.

… des psychischen Wohlbefindens

Innerhalb von nur zehn Jahren „steckten sie beide von Grund aus in Schulden" (S. 21, Z. 35 f.) und gehen nicht nur finanziell, sondern auch psychisch völlig zugrunde. Sie liegen „verdrossen zu Hause" (S. 21, Z. 30), ergehen sich in Faulheit und Selbstmitleid, finden keinen Ausweg mehr aus ihrer misslichen Lage und verrennen sich in selbstzerstörerischer Konfrontation: Es ist ein Teufelskreis, in den die beiden Bauern hineingeraten sind, und dieser findet seinen Höhepunkt im Kampf auf der Brücke, wo sich aller Hass entlädt und bis zum gegenseitigen Mordversuch steigert.

… und des gesellschaftlichen Ansehens

Vor allem der harte Kontrast zwischen ihrer früheren und ihrer jetzigen Existenz macht die Bauern in den Augen der anderen unfreiwillig zu komischen Figuren. Sie gehören nun zu den bankrotten „wunderlichen Heiligen" (S. 32, Z. 5f.), die in zerschlissener Garderobe einstiger bürgerlicher Wohlanständigkeit am Flussufer aufgereiht stehen und angeln – ein sehr sarkastisches Bild für den Prozess der bürgerlichen Verelendung. Manz' Dasein als Schankwirt in Seldwyla erzeugt „mitleidig spöttische Gesichter" (S. 27, Z. 33), die Versuche seiner Frau, eine gute Wirtin abzugeben, wirken „lächerlich" (S. 29, Z. 6) und es kommt so weit, dass sich sogar „die Kinder der Falliten[1] […] über das verlumpte Bauernpack lustig machten" (S. 28, Z. 8ff.). Eben diejenigen, über die sich die Bauern eingangs noch selbst amüsiert hatten, sind es nun, die ihrer spotten. Mit diesem Verlust des gesellschaftlichen Ansehens verlieren die Bauern auch ihre Ehre.

2.7 Gewissensnöte?

Ob den Bauern in ihrer eindimensionalen Borniertheit ein Erkennen des eigenen Unrechts möglich ist, ist zu bezweifeln. Nur ganz vorsichtig deutet Keller an, dass Manz „Reste" eines Gewissens in sich trägt, indem er seinen Sohn „mit verwirrtem Gewissen und gepeinigter Erinnerung" (S. 25, Z. 12f.) ansieht und nach dem Kampf auf der Brücke „von unruhigen Tagträumen geplagt [wird], welche aus dem Gewissen kamen" (S. 36, Z. 31f.). Martis Schicksal, der den Verstand verliert und seine Umwelt nicht mehr wahrnehmen kann, scheint diesbezüglich für sich zu sprechen: Für ihn selbst bedeutet diese Entwicklung eine Erlösung.

3. Sprachgebrauch und Sprachverhalten

Schon mit den ersten Worten von Manz – er spricht von den „Lumpenhunde[n] zu Seldwyl" (S. 8, Z. 11) – verdüstert sich das Bild von den beiden Männern und diesem ersten, spöttisch gemeinten Schimpfwort folgen noch viele weitere in ähnlicher Absicht. Die Grobheit ihres Vokabulars und der oft abfällige Tonfall stehen zunächst in deutlichem

[1] Falliten: Bankrotteure, die Hab und Gut verloren haben

Kontrast zum äußeren Erscheinungsbild der Bauern, andererseits aber offenbaren sie früh das Gewaltpotenzial, das beide Männer später aufeinander (und auf ihre Kinder) losgehen lässt. Damit steht das Sprachverhalten der Bauern nicht im Widerspruch zu ihrem Wesen, sondern es ist Symptom und leuchtendes Signal ihrer charakterlichen Verrohung.

4. Zusammenfassende Bewertung

Lange gibt der Erzähler die Parallelität in der Entwicklung der Bauern nicht auf, wenngleich Manz' Schicksal als Schankwirt in der Stadt entschieden schärfer umrissen wird. Der materielle wie ideelle Niedergang der Bauern vollzieht sich jedoch insgesamt im Gleichschritt. Auch als Marti nach Salis Schlag ins Spital eingeliefert wird, bedeutet dies weniger, dass sich nun ein individuelles Schicksal herauskristallisiert, sondern dass die zufälligen äußeren Lebensumstände bei völliger Identität in Charakter und Verhalten eine etwas andere Entwicklung bewirken. Keller zeigt mit Manz und Marti demnach zwei nahezu identische Repräsentanten eines Typus, deren anfängliche Fassaden von bäuerlicher Ordentlichkeit und Wohlbefinden von Anfang an Risse zeigen, bald sichtbar bröckeln und schließlich mit aller Macht in Verrohung und Verelendung niederbrechen. Durch ihren Rechtsstreit geraten sie ins soziale Niemandsland und sind beide am Ende weder Stadt- noch Landbürger.

Vrenchen

1. Personalien, äußeres Erscheinungsbild und sozialer Status

Vrenchen ist Martis Tochter und damit die eines Bauern. Im Verlauf des Novellengeschehens sinkt sie durch den materiellen wie gesellschaftlichen Abstieg ihres Vaters sozial auf die Stufe der Heimatlosen herab. Sie besticht schon als Fünfjährige durch ihre „hübsche[n] Augen“, ihre „bräunliche Gesichtsfarbe und ganz krause[n] dunkle[n] Haare, welche ih[r] ein feuriges und treuherziges Ansehen gaben“ (S. 7, Z. 27 ff.). Später werden ihre „weiße[n] Zähnchen“ und ihre „roten Purpurlippen“ (S. 13, Z. 8 f.) erwähnt – Symbole für Reinheit und Sinnlichkeit gleichermaßen. Im Lauf der Zeit wächst sie zu einer immer noch größeren Schönheit heran (vgl. z. B. S. 23, Z. 14 ff.).

2. Wesentliche Charaktereigenschaften
2.1 Fröhlichkeit und Lebenslust trotz Kummer

Vrenchens auffälligster Charakterzug sind ihre schier unerschütterliche Fröhlichkeit und Lebensfreude. Das anfängliche Idyll ihrer Kindertage, an denen sie mit ihrem Spielkameraden Sali abenteuerliche Streifzüge auf dem Acker unternimmt, wird durch die Ohrfeigen ihres Vaters (vgl. S. 19, Z. 1) schlagartig beendet und ihre Unbeschwertheit einer harten Probe unterzogen. Dennoch ist ihr Trübsinn (vgl. S. 19, Z. 2) nie von langer Dauer und selbst als ihre Mutter früh stirbt und ihr Vater immer mehr zu einem streitsüchtigen Geizkragen und Tyrannen mutiert, kann sie sich ihre „[f]eurige Lebenslust und Fröhlichkeit“ (S. 23, Z. 22) bewahren. Dennoch verspürt das Mädchen auch gewisse „Zügel, [die] seinem lustigen und feurigen Wesen angelegt“ sind, es ist aber „bei jedem Sonnenblick“ (S. 24, Z. 8 ff.) zum Lächeln bereit und in der Lage dazu, Optimismus zu versprühen. Als Symbol für ihren ungebrochenen Lebenswillen fungieren die am verwitterten Hof ihres Vaters „lustig“ (S. 40, Z. 24) emporrankenden Bohnen, die überall Halt finden. Auch später noch, bei den Begegnungen mit dem unheimlichen Schwarzen Geiger (vgl. S. 45, Z. 17 ff. und S. 79, Z. 11 ff.) und selbst im Tod, bleiben Fröhlichkeit und Lebensfreude ein unabänderlicher Charakterzug Vrenchens: Sie springt „leicht wie ein Vogel über das Feld gegen den Fluss hinunter“ und lacht „wie ein Kind, welches sich nicht will fangen lassen“ (S. 88, Z. 20 ff.).

2.2 Sinn für Reinlichkeit und Schönheit

Unter nahezu unzumutbaren Bedingungen – in großer Armut und völlig auf sich allein gestellt – gelingt es ihr, ihren Sinn für Reinheit und ordentliche Kleidung zu bewahren (vgl. S. 23, Z. 29 ff.). Ihre Reinlichkeit geht dabei so weit, dass sie die zerbrochenen Fensterscheiben ihres Elternhauses „förmlich poliert" (S. 40, Z. 10), und zwar selbst dann noch, als das Elend alle Mühe im Grunde schon vergeblich gemacht hat. Allerdings ist ihr Ordnungsdrang keine starre Marotte wie die von Manz, der alles auf Biegen und Brechen einfach „gerade" haben will (vgl. S. 16, Z. 30 ff.). Bei ihr verbindet sich dieser Drang mit ihrem Sinn für das Schöne. Nicht nur das verfallene Anwesen ihres Vaters macht sie mit Blumen und Rankenwerk zu einer „duftende[n] Wildnis" (S. 40, Z. 17), sondern sie versteht es auch, sich selbst ordentlich zu kleiden und zu schmücken (vgl. S. 60, Z. 1 ff.). Dieser Zusammenhang wird auch symbolisch überhöht, indem mehrfach das Symbol der Blume auftaucht, wenn es darum geht, Vrenchens Reinlichkeit und Schönheit zu beschreiben: Als „Brautschmuck" trägt sie „Rosmarin, Rosen und prächtige[...] Astern" (S. 60, Z. 15), im Tanz glüht sie „wie eine Purpurrose" (S. 81, Z. 10 f.) und im Tod lässt sie ihre Blumen vorausgehen (vgl. S. 88, Z. 37).

2.3 Existenzielle Liebe zu Sali

Prägend für die Novellenhandlung ist vor allem Vrenchens bedingungslose Liebe zu Sali. Es ist die Liebe zweier Menschen, die sich schon aus Kindertagen vertraut sind, die aber erst nach einer zehnjährigen Phase, in der der Kontakt aufgrund des väterlichen Zwists abgebrochen war, wieder zueinanderfinden. In diesen zehn Jahren sind sie zu jungen Erwachsenen herangereift und im Moment höchster emotionaler und körperlicher Anspannung, als es auf der Brücke zur Gewalteskalation kommt, werden sie übermannt vom aufkeimenden Gefühl der Liebe. Bei aller drängenden Gefühlsstärke hat Vrenchen von Anfang an eine untrügliche Ahnung für das Gefährliche ihrer Liebe. Den zukünftigen Liebhaber beschwört sie: „Es wird nie gut kommen [...] [,] geh in Gottes Namen deiner Wege, Sali!" (S. 41, Z. 25 ff.) Nach der Gewalttat Salis ergreift sie zwar die Initiative, indem sie beschließt, den Vorfall zu verschweigen, doch auch hier bleibt sie Realistin: „Dies [Salis Gewalttat] würde immer ein schlechter Grundstein unserer Ehe sein" (S. 54, Z. 31 f.). An ihrer Liebe zu Sali und an der Echtheit und Intensität ihrer Gefühle ändern all diese Zweifel an der Realisierbarkeit der Liebe jedoch nichts, wie ihr gesamtes Verhalten am Hochzeitstag offenbar werden lässt (vgl. z. B. S. 81, Z. 20ff.).

2.4 Widerspruch zwischen Realität und Sehnsucht nach einer wohlgeordneten bürgerlichen Existenz

Doch Vrenchens Wunsch, mit Sali ein glückliches Leben in geordneten bürgerlichen Verhältnissen zu führen, und die Realität lassen sich kaum in Übereinstimmung bringen. Dies hat zur Folge, dass sie sich in eine Fantasiewelt begibt. Davon zeugt zum einen ihre erfundene Geschichte vom Lottogewinn Salis (vgl. S. 62, Z. 18ff.), zum anderen die Realisierung eines einzigen „recht lustig[en]" Tages (S. 56, Z. 13), an dem sie sich als Braut ausgibt (vgl. S. 62, Z. 28) und von anderen auch als solche wahrgenommen wird (vgl. z. B. S. 70, Z. 29 f.). Die vom Schwarzen Geiger inszenierte Hochzeit bleibt dann eine lediglich spaßhafte und Vrenchen gelingt es nicht, sich in der Gesellschaft der Heimatlosen wohlzufühlen, denn da „geht es auch nicht nach [ihrem] Sinne zu" (S. 84, Z. 3). Damit gemeint ist nicht die Armut, in der die Heimatlosen leben, sondern das untreue Verhalten, das diese Gesellschaft an den Tag legt (vgl. S. 84, Z. 14 f.). Vrenchen sehnt sich letztlich doch nach einer wohlgeordneten bürgerlichen Existenz.

2.5 Steigerung der Leidenschaften bis zum Tod

Dass die Heiratsfrage für Vrenchen eine existenzielle ist, steht außer Zweifel: Es geht für sie um „Tod oder Leben" (vgl. S. 87, Z. 22ff.). Noch der Entschluss zu sterben wird von Hochzeitsbildern begleitet (vgl. S. 89, Z. 1), doch hervorgebracht wird er von heftigen Leidenschaften, die im Laufe des Tages entstehen, zunehmen und kurz vor ihrem Tod den Höhepunkt erreichen (vgl. S. 87, Z. 28ff.). Vrenchens unbedingter Wunsch nach Liebe ist es schließlich, der Sali den Gedanken der Todeshochzeit eingibt (vgl. S. 88, Z. 12 f.). Sie ist es, die Sali dazu bewegt, ihre geheimen Wünsche auszusprechen, und sie bleibt die Führerin ins Reich der Liebe und des Todes.

3. Sprachgebrauch und Sprachverhalten

Vrenchens erste Worte in der Novelle sind die eines Zähne zählenden Kindes – und dabei kann sie noch gar nicht zählen (vgl. S. 13, Z. 14 und Z. 23). Worte verleiht ihr der Erzähler erst wieder als junge Frau, die mit Sali ins Gespräch kommt (vgl. S. 41, Z. 14ff.). Dabei steht ihr sprachliches Handeln – sie versucht, Sali abzuwehren (vgl. S. 41, Z. 26f. und Z. 33) – noch nicht im Einklang mit ihrem wahren Denken und Fühlen. Im Lauf der Novellenhandlung zeigt sich jedoch eine größere Kongruenz in Sprechen, Denken und Fühlen (vgl. z.B. S. 46, Z. 3ff.). Oftmals ergreift sie mit ihren Worten auch die Initiative zum gemeinsamen Tun (vgl. z.B. S. 47, Z. 21f.) und hält mit ihrer Meinung nicht hinterm Berg (vgl. z.B. S. 45, Z. 19f.). Trotz allen Kummers verliert Vrenchen in ihren Worten nie das Kindlich-Naive (vgl. z.B. S. 48, Z. 19ff.), sie sind Zeugnis ihrer glühenden Fantasie (vgl. S. 62, Z. 14ff.). Als die Liebe an der Realität zu scheitern droht, zeigt sich das auch in einer unauflösbaren Antithese in Vrenchens Worten: „Wir können nicht zusammen sein, und doch kann ich nicht von dir lassen [...]!" (S. 81, Z. 28ff.) Ihren Wunsch nach einer gemeinsamen Zukunft drückt sie in einer Metapher aus: „die ganze Welt in den Wind zu schlagen und [...] dafür zu lieben ohne Hindernis und Schranken" (S. 83, Z. 34f.). Selbst im Tod gelingt es Vrenchen in ihrer fröhlichen Wesensart, ihre bilderreiche Sprache beizubehalten: Ihre Liebe sei „süßer als ein Mandelkern" (S. 88, Z. 40) und sie würden nun zu zwei Fischen, „zwei schöne[n] große[n]" (S. 89, Z. 25).

4. Zusammenfassende Bewertung

Im Gegensatz zu Manz und Marti stellt Vrenchen eine sehr individuell gestaltete Figur dar; sie ist sogar die deutlichste der Novelle überhaupt und wird vom Erzähler, der gleich zu Beginn von ihr als einem „kleine[n] Ding von Mädchen" (S. 7, Z. 9) spricht, mit recht liebevollen Augen betrachtet. Doch Vrenchen bleibt nicht das süße, kleine „Ding" des

Novellenanfangs, sondern in ihr vereinen sich Schönheit und Sinnenfreude mit höchster Sittlichkeit. Im Angesicht des Todes wirkt sie wie die Personifikation höchster Ehrbarkeit, als sie es für skrupellos hält, den Bauern ihr Heuschiff zu entwenden (vgl. S. 89, Z. 7f.), aber ihr unbedingtes Liebes- und Todesbegehren ist stärker. Vrenchen ist letztlich die Figur der Novelle, die allen Konflikten ein Gesicht gibt.

Sali

1. Personalien, äußeres Erscheinungsbild und sozialer Status

Sali stammt wie Vrenchen aus dem bäuerlichen Milieu und wird vom Erzähler als ein „hübscher und kräftiger junger Bursche, der sich zu wehren wusste" (S. 24, Z. 14f.), und mit ebenso „hübsche[n] Augen" (S. 7, Z. 27) wie seine Spielgefährtin beschrieben. Im Verlauf der Novelle sinkt er ins Stadtproletariat herab, zeigt aber weiterhin nach außen hin den Stolz eines Jungbauern – der ihm nicht mehr zusteht –, indem er seinem Mädchen zu Ehren „in einer Anwandlung ländlichen Stolzes" (S. 59, Z. 11f.) ein von der Mutter überreichtes „großes schwarzes Mailänder Halstuch mit rotem Rande" trägt (S. 59, Z. 6f.).

2. Wesentliche Charaktereigenschaften
2.1 Gutherzigkeit und Empfindsamkeit

Salis hervorstechender Charakterzug ist Gutherzigkeit. Beim Spiel auf dem Feld legt „der wilde Junge" (S. 11, Z. 4) im Vergleich zu Vrenchen zwar ein recht „knabentypisches" Rollenverhalten an den Tag, indem er die „Misshandlung" der Puppe des Mädchens forciert (vgl. S. 10, Z. 33ff.), doch nach einer unbedachten Grobheit verharrt er „in Angst und Reue" (S. 11, Z. 33) vor dem klagenden Mädchen, bis sie das Zerstörungswerk gemeinsam fortsetzen. Im Streit der Familien stellt er im Gegensatz zu seinem Vater Manz einen „ziemlich zahmen Feind" (S. 25, Z. 30) dar, obwohl er diesem ansonsten sehr gleicht (vgl. S. 25, Z. 10) und von ihm ein stolzes und trotziges Verhalten geerbt hat (vgl. S. 25, Z. 19ff.). Sehr deutlich wird Salis Gutherzigkeit im Gegensatz zur Verbohrtheit seines Vaters, als der Junge seinem Vater im Streit an der Brücke zunächst beizustehen versucht, „dem gehassten Feinde den Garaus zu machen" (S. 35, Z. 4 f.), dann aber durch die Begegnung mit Vrenchen zum hoffnungslos Liebenden wird.

2.2 Salis Verhältnis zu seinen Eltern

Die familiären Verhältnisse, unter denen Sali aufwächst, unterscheiden sich von denen Vrenchens in vielerlei Hinsicht. Von der Mutter wird er verwöhnt mit allem, was er sich nur wünscht (vgl. S. 24, Z. 29 ff.), und er ist es nicht gewöhnt, zu arbeiten (vgl. S. 17, Z. 24 ff.). Sein Vater behandelt ihn mit Respekt, denn er sieht in seinem Sohn sich selbst als jungen Mann (vgl. S. 25, Z. 9 ff.). Dennoch macht ihn dieses Verhalten seiner Eltern weder dankbar noch froh (vgl. S. 25, Z. 3 und Z. 15) und er kann seine bequemen Freiheiten nicht recht genießen, da er merkt, „nichts Rechtes" (S. 25, Z. 15 f.) vor sich zu haben, und da er es als unbefriedigend empfindet, keiner festen Beschäftigung nachzugehen. Gedanken an die Zukunft verschwendet er jedoch nicht (vgl. S. 25, Z. 22), stattdessen verharrt er in Lethargie.

2.3 Depressive Züge im Wesen Salis

Zunächst ist Sali die Solidarität mit seinen Eltern selbstverständlich, aber mehr und mehr erfüllt ihn ihre Misswirtschaft mit „Scham und Kummer" (S. 24, Z. 26 f.). Als seine Mutter in lächerlicher Schauspielerei die Gastwirtin gibt, flieht er „in die dunkle Küche, setzte sich auf den Herd und weinte über Vater und Mutter" (S. 29, Z. 29 f.). Nur nach außen hin wirkt er auf Vrenchen „scheinbar glücklicher[...]" (S. 25, Z. 35) als sie selbst, die nach dem Tod ihrer Mutter schon früh gezwungen ist, für Haus und Hof Sorge zu tragen.

2.4 Wandel durch die Liebe

Als Sali Vrenchen wieder begegnet, wird er geradezu übermannt vom Glücksgefühl der Liebe und fühlt sich „so reich und wohlgeborgen wie ein Königssohn", dem „weder Regen noch Sturm, weder Dunkelheit noch Elend" etwas anhaben können (S. 36, Z. 9 f.). Sein familiäres Umfeld belastet ihn nicht mehr (vgl. S. 37, Z. 14 f.) und es ist ihm plötzlich zumute, als ob er „was Rechts" gelernt hätte (S. 37, Z. 1). Die „so wundersame[...] Süßigkeit" (S. 37, Z. 7f.) dieses neuen Glücksgefühls von Liebe lässt ihn seine Umwelt mit neuen Augen sehen, was sich auch darin zeigt, dass er Vrenchens „wild und liederlich" (S. 38, Z. 9f.) aussehenden Vater „nicht mehr mit Hass, sondern voll Furcht und Scheu" (S. 38, Z. 14f.) betrachtet.

2.5 Großzügigkeit und Fürsorge gegenüber Vrenchen

So passiert auch der Schlag, den er ihm später im Affekt versetzt, nicht aus Hass, sondern aus Fürsorge um das Mädchen, als es von seinem wütenden Vater misshandelt zu werden droht (vgl. S. 49, Z. 22ff.). Salis Reaktion – er verharrt „ratlos und gedankenlos" (S. 49, Z. 35) – zeigt, dass er die fatalen Folgen seines Tuns nicht bedacht hatte. Nicht nur Fürsorge lässt er walten, sondern auch Großzügigkeit und Ritterlichkeit bestimmen sein Tun. So kommt er Vrenchens innigem Wunsch nach, mit ihm einen einzigen glücklichen Tag zu verbringen und tanzen zu gehen, und in seiner selbstlosen Art verkauft er, der verarmte Bauernsohn, seine Uhr, um ihr ein Paar Tanzschuhe zu spendieren (vgl. S. 57, Z. 35ff.). Aus Respekt dem Mädchen gegenüber schlägt er zuvor einen vom Vater generös angebotenen Gulden – erworben durch Hehlerei – aus (vgl. S. 58, Z. 36ff.). Anschließend geht er mit ihr ins „erste Wirtshaus des Dorfes", wo er ein „erkleckliches Mahl bestellt[...]" (S. 70, Z. 18f.) und es an nichts fehlen lässt. Sali ermöglicht es dem Mädchen, alle „Wonnen einer Braut [zu genießen], die zur Hochzeit reiset" (S. 72, Z. 7f.). Am Ende des gemeinsamen Tages steigert sich Salis ritterliche Fürsorglichkeit bis zur Entsagung, wenn er sagt: „Du musst mich vergessen!" (S. 86, Z. 22) und „[E]s handelt sich jetzt nur um dich [...]!" (S. 86, Z. 26ff.). Als er ihr mit den Worten „[H]ier ist dein Brautbett!" (S. 89, Z. 1) ihre gemeinsame Todesstätte präsentiert, wirkt auch dies wie ein Akt der Fürsorge gegenüber seinem Liebchen.

2.6 Passive Rolle in der Beziehung zu Vrenchen

Insgesamt ist Sali in der Beziehung zu Vrenchen über weite Strecken der passivere Part; „ergeben und treuherzig"

(S. 46, Z. 7) blickt er sie bei ihrem ersten Rendezvous auf dem Acker an. Sie gibt die Richtung vor, sie bestimmt das Tempo. Gegen Ende aber ergreift Sali an mehreren entscheidenden Stellen die Initiative, etwa als er den Vorschlag macht, ins Paradiesgärtchen zu gehen (vgl. S. 76, Z. 33 ff.), oder als er Vrenchen aus dem Rauschzustand, in den sie sich durch die symbolische Trauung des Schwarzen Geigers und den anschließenden Hochzeitszug bereitwillig versetzen lässt, in die Realität zurückholt (vgl. S. 86, Z. 2 ff.). Am Ende ist es wieder das Mädchen, das die Führung übernimmt (vgl. S. 104 f. dieser Arbeit), auch wenn Sali den gemeinsamen Freitod zuerst in Worten ausdrückt: „Es gibt eines für uns, Vrenchen, wir halten Hochzeit zu dieser Stunde und gehen dann aus der Welt" (S. 88, Z. 7 f.).

3. Sprachgebrauch und Sprachverhalten

Dass auch Salis Gefühle für Vrenchen von existenzieller Natur sind, zeigt eine so deutliche Äußerung wie: „Ich glaube, das Elend macht meine Liebe zu dir stärker und schmerzhafter, sodass es um Leben und Tod geht!" (S. 55, Z. 5 ff.) Es ist ein völlig uneigennütziges, selbstvergessenes Liebesgefühl, das ihn leitet. Er spricht Vrenchen jedoch auch mit „meine Frau" (S. 48, Z. 32) an, was auf sprachlicher Ebene belegt, dass für ihn neben aller Gefühlstiefe auch Ehrbarkeit und Bürgerlichkeit von Bedeutung sind. Am Ende der Novelle allerdings, als er im Begriff ist, alle Schranken über Bord zu werfen und den Freitod in Erwägung zu ziehen, nennt er sie „mein Herz" (S. 86, Z. 24). Es zählt nur noch, was Vrenchen für ihn in seinem Inneren bedeutet, nicht mehr gelten gesellschaftliche Rollen und Erwartungen, denen die Liebenden ohnehin nicht entsprechen können.

4. Zusammenfassende Bewertung

Wie Vrenchen stellt Sali eine individuell gestaltete Figur dar. Dabei ist auffällig, dass er sehr oft als Gegenfigur zu seinem Vater konstruiert ist: Sie scheinen die Rollen getauscht zu haben, wenn Sali seinen Vater ein „Kind" nennt (S. 54, Z. 14) oder sein Vater eine „unwillkürliche Achtung vor dem Sohne" (S. 25, Z. 11 f.) empfindet, an dem jede Verkommenheit abprallt. Im Vergleich zu Vrenchen bleibt Sali zwar etwas blasser und wird vom Erzähler weniger stark in den Blick genommen, aber in Bezug auf die Intensität seiner Gefühle steht er dem Mädchen in nichts nach: Er fühlt sich als „Königssohn“ (S. 36, Z. 12) und erlebt durch das Mädchen „ein Königreich“ (S. 47, Z. 5).

Der Schwarze Geiger

1. Personalien und sozialer Status

Der Schwarze Geiger, dessen richtiger Name unbekannt bleibt, fungiert in Kellers Novelle als Beispielfigur für ein akutes soziales Problem der Schweiz, das erst 1874 gelöst wurde.[1] Da die Dorfgemeinschaft autonom war, konnte sie das Bürgerrecht verleihen, aber auch verweigern oder aberkennen. Nur derjenige, der im Bürgerbuch eingetragen war, besaß Heimatrecht und konnte getauft werden und damit Grundbesitz erwerben oder erben. Wer hingegen keinen Besitz hatte oder ihn verlor, wurde aus dem Bürgerbuch gestrichen und galt als heimatlos. All dies konkretisiert sich in Kellers Novelle in der Figur des Schwarzen Geigers, der nicht nur Mitglied, sondern sogar Anführer einer bunten Gruppe von Wanderarbeitern und Gelegenheitsmusikanten ist, die sich zwar im Umfeld der dörflichen Sphäre bewegen, aber nicht in ihr zu Hause sind: „[D]ie grünen Wälder sind unser Haus […], und im Winter machen wir uns die wärmsten Schlupfwinkel oder kriechen den Bauern ins warme Heu.“ (S. 83, Z. 13ff.)

2. Wesentliche Charaktereigenschaften

Der Schwarze Geiger ist geradezu der Prototyp dieser Zwischenschicht der Gesellschaft. Als er etwa in der Mitte der Novelle ganz „plötzlich“ (S. 43, Z. 5) zum ersten Mal leib-

[1] 1874 wurde das Heimatlosenrecht durch die Sozialgesetzgebung der Schweiz beseitigt. Insofern handelt es sich zur erzählten Zeit der Novelle bei den Heimatlosen schon um eine aussterbende Schicht.

haftig auftaucht, löst er Erschrecken aus. „Schwarz" vor allem ist er: sein „Filzhütchen", sein „rußige[r] Kittel", Haare, Bart, Gesicht und Hände (vgl. S. 43, Z. 12ff.). Dies ist in erster Linie auf seine handwerklichen Gelegenheitsarbeiten als Kesselflicker, Kohlebrenner und Pechsieder zurückzuführen (vgl. S. 43, Z. 17f.). Doch ist die Farbe Schwarz, die der Geiger auch in seinem Namen trägt, ein doppelsinniges Attribut: Auf symbolischer Ebene zeigt es, dass der Geiger all das Unrecht personifiziert, das ihm als Außenseiter der Gesellschaft nicht zuletzt durch Manz und Marti zuteilwurde. Daneben bezieht es sich auf all das Unheimliche, Verruchte und Unberechenbare, das sich in seiner Person verkörpert. Es ist ein Schatten von Geheimnis und Zaubermacht, der ihn umgibt und der die Kinder der Bauern in seinen Bann zieht.

2.1 Das doppelsinnige Attribut „schwarz"

Zum Attribut „schwarz" gesellen sich noch eine Reihe weiterer Merkmale, die auf das Unheimliche seiner Gestalt anspielen: Bedrohlich wirken seine anormale Hakennase, die „einem tüchtigen Knebel oder Prügel" (S. 44, Z. 12) gleicht, sein viel zu kleiner lochartiger Mund samt der seltsamen Geräusche, die er von sich gibt (vgl. S. 44, Z. 15f.), und seine unruhigen Augen, die fast nur das Weiße zeigen und teufelsgleich erscheinen (vgl. S. 44, Z. 20ff.). Insgesamt verleiht Keller dem Schwarzen Geiger dämonische Züge, die Schrecken verbreiten – aber nie nachhaltig, denn sie lösen sich immer wieder in Heiterkeit und Erleichterung auf (vgl. S. 45, Z. 17ff.).

2.2 Ein „unheimliche[r] Geselle"

Bevor der Geiger selbst auftritt, erfährt der Leser im Frühstücksgespräch der Bauern, dass er der Enkel des „verdorbenen Trompeters" (S. 9, Z. 7) ist, dem der Brachacker ursprünglich einmal gehört hatte, und er somit der eigentliche Besitzer des Brachackers wäre. Trotz offensichtlicher Ähnlichkeit im Äußeren kann der Schwarze Geiger seine Abstammung jedoch nicht schriftlich nachweisen und somit hat er keine Chance, seine Ansprüche geltend zu machen;

2.3 Ausgrenzung durch die Bauern und die Dorfgemeinschaft

seine wahre Identität wird verleugnet und er ist ein aus der Gemeinde Ausgestoßener. Da Manz und Marti aus ökonomischem Eigennutz keine Veranlassung sehen, die Behörden bei der Ermittlung des rechtmäßigen Erben zu unterstützen, tragen sie ihren Teil zur Ausgrenzung des Schwarzen Geigers bei und entziehen ihm jede Lebensgrundlage.

2.4 Der Schwarze Geiger als Personifikation des Unrechts …

Einerseits festigt die Ausgrenzung des Geigers das Bündnis der Bauern, andererseits aber untergräbt und zerstört sie es von dem Moment an, als der herrenlose Acker zum Streitobjekt wird. Ohne aktives Zutun des Geigers wird den Bauern ihr selbstsüchtiges und fremdenfeindliches Verhalten zum Verhängnis. Als rechtmäßiger Eigentümer des mittleren Ackers ist der Geiger in die Schuld der Väter verstrickt und bleibt während des gesamten Verlaufs der Novelle im Hintergrund als Personifikation des Unrechts präsent.

2.5 … als Ankläger und Rächer …

In seiner Rede zu den Kindern vom Steinhaufen auf dem strittigen Ackerzipfel herab wird unzweifelhaft deutlich, dass der Schwarze Geiger mit dem Erlös aus dem Verkauf des Brachackers eigentlich hätte auswandern wollen (vgl. S. 44, Z. 33f.) und ihm durch das Verhalten der Väter eine echte Zukunftsperspektive verbaut wurde. Daher tritt er bei seiner ersten Begegnung mit den Kindern als Rächer auf, der ihnen wie von einer Kanzel herab schadenfroh eine schlimme Zukunft prophezeit: Noch vor ihm würden sie „den Weg alles Fleisches" (S. 44, Z. 7f.) gehen. Als kurz darauf die folgenreiche Auseinandersetzung zwischen Sali und Marti stattfindet, erscheint der Schwarze Geiger rückblickend tatsächlich wie ein Unglücksbote.

2.6 … und freundlicher Verführer …

Bei ihrer zweiten Begegnung wirkt der Schwarze Geiger auf die Kinder nicht nur äußerlich freundlicher (vgl. S. 78, Z. 29f.), sondern er verzichtet auch auf weitere Prophezeiungen. Trotzdem müssen sie noch immer zu ihm hinaufblicken, weil er als Musikant erhöht sitzt, und doch fühlen sich die Liebenden unter seinen Schutz gestellt. Denn mit ihrem Eintreffen im Paradiesgärtchen sind Sali und Vrenchen mittlerweile selbst in der Welt der Heimatlosen angekommen und teilen als Außenseiter der Gesellschaft deren soziales Schicksal. Der Schwarze Geiger gibt ihnen den „guten Rat" (S. 83, Z. 4), sich einem Leben fernab aller gesellschaftlichen Zwänge hinzugeben und sich den Heimatlosen anzuschließen, und es gelingt ihm, Einfluss auf die Liebenden auszuüben, indem er ihre Vorstellung von Ehe und Moral infrage stellt.

2.7 … durch die Kraft der Musik

Er vollbringt dies jedoch nicht mit Worten und Argumenten, sondern kraft der teuflisch-wilden Musik seiner Geige, die er „wie besessen" (S. 85, Z. 22) spielt, um sich selbst und die ganze Gesellschaft um ihn herum in einen Gefühlsrausch zu versetzen. Wie benommen folgen auch die Kinder ihm, und nur mit Mühe gelingt es Sali, sein Mädchen dem magischen Einfluss des Geigers zu entziehen. Letztlich wird das vom Geiger propagierte Hochzeitsbett auf dem Heustock von den Kindern jedoch verneint zugunsten des Heuschiffes am Fluss, das sich wirklich außerhalb der Gesellschaft befindet, der bürgerlichen und der der Heimatlosen.

3. Sprachgebrauch und Sprachverhalte

Dass der Schwarze Geiger die Negation all dessen ist, was die bürgerliche Gesellschaft ausmacht, zeigt sich auch in seinem Sprachverhalten durch die anaphorische Verwendung des Indefinitpronomens „kein": Er schwärmt von einem Leben, in dem man „keinen Pfarrer, kein Geld, keine Schriften, keine Ehre, kein Bett" (S. 83, Z. 10f.) brauche. Moralische Normen, ökonomische Zwänge und die christliche Pflichtenethik werden verneint zugunsten von Freiheit, Liebe, Lebensfreude und Fokussierung auf das eigene Ich, was sich in seinen folgenden Worten zeigt: „[N]ehmt euch, wie ihr seid […]!" (S. 83, Z. 8), ruft er den Kindern zu.

4. Zusammenfassende Bewertung

Wie Sali und Vrenchen ist der Schwarze Geiger eine individuelle und unverwechselbare Figur, die aus der anonymen Gruppe der Heimatlosen herausragt. Zugleich fungiert sie als Spiegel gesellschaftlicher Missstände. Im Unterschied zu den Kindern ist der Geiger jedoch nicht nur reale Gestalt, sondern gleichzeitig märchenhafte Symbolfigur. Als Opfer der Gesellschaft und insbesondere der bäuerlichen Habgier personifiziert er die Schuld der Bauern und generell das schlechte Gewissen der wohlsituierten Gesellschaft, die einem Teil ihrer Mitglieder die natürlichen Rechte verwehrt. Für die Kinder ist er Unglücksbote und Verführer zugleich. Insgesamt zählt der Schwarze Geiger nicht unmittelbar zu den Hauptfiguren der Novelle, doch seine wiederholten Auftritte und die Tatsache, dass er im Hintergrund stets präsent bleibt, bestimmen den Handlungsverlauf der Novelle entscheidend.

Der Schwarze Geiger

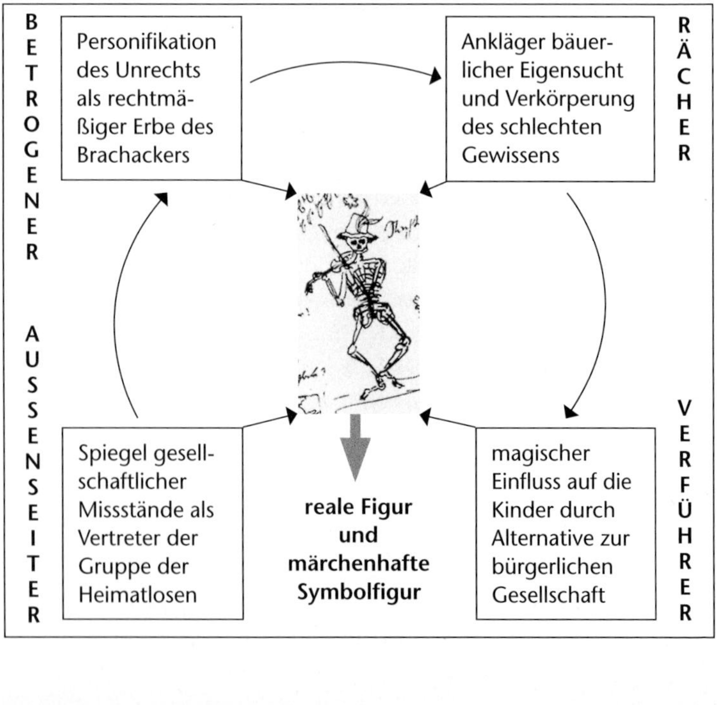

Der Blick auf den Text: Die Textanalyse

Einen Textauszug analysieren – Tipps und Techniken

Für die Analyse (Beschreibung und Deutung) von epischen Texten stehen grundsätzlich zwei verschiedene Methoden zur Auswahl: die Linearanalyse und die aspektgeleitete Analyse.

Lineare Texterschließung

Bei einer linearen Texterschließung geht man chronologisch nach dem Textverlauf vor, was in der Regel zu genauen und detaillierten Ergebnissen führt. Diese Darstellungsweise ist insofern anspruchsvoll, als ein zu kleinschrittiges Hin und Her vermieden werden muss und übergeordnete Deutungsaspekte leicht aus dem Blick geraten können.

Aspektgeleitete Texterschließung

Bei einer aspektgeleiteten Texterschließung orientiert sich die Gliederung an thematischen Schwerpunkten, aus denen sich ein klares Argumentationsprofil (nach Art einer literarischen Erörterung) ableiten lässt. Je nach Aufgabenstellung werden die Strukturierungskategorien bereits vorgegeben oder müssen vom Bearbeiter erst gefunden werden. Deutungsaspekte, die nicht im Fokus des Interesses stehen, werden vernachlässigt.

Aufbauschema:

1. Einleitung:
- Basissatz: Autor; Titel; Textsorte; Erscheinungsjahr des Werks, aus dem der Text stammt
- Ort, Zeit und Figuren des Textauszugs
- kurze Inhaltsangabe

↓

2. Einordnung des Textauszugs in die Novelle:
Was geschieht vorher? Was geschieht nachher?

Linearanalyse

3. Aufbau des Textauszugs:
- Auflistung der Textabschnitte/Textgliederung

↓

4. Beschreibung und Deutung der unter 3. angegebenen Textabschnitte:
- Aussagen zum Inhalt des Abschnitts
- Aussagen zu Deutung, Einbettung in den Gesamtzusammenhang der Novelle
- Einbezug der sprachlichen Gestaltung

aspektgeleitete Analyse

3. Aufbau des Textauszugs:
- Auflistung der gewählten Untersuchungsaspekte

↓

4. Beschreibung und Deutung der unter 3. angegebenen Aspekte:
- Benennen des jeweiligen Aspekts
- Aussagen zur Deutung, Einbetten in den Gesamtzusammenhang der Novelle
- Einbezug der sprachlichen Gestaltung

↓

5. Schluss:
- Zusammenfassung der Ergebnisse
- Einordnung in einen größeren Deutungszusammenhang
- Bewertung

Beispiel für eine lineare Textanalyse

„Romeo und Julia auf dem Dorfe", S. 88 (Z. 2) – S. 90 (Z. 23)

Aufgabe: Erschließen Sie die Schlussszene aus der Novelle „Romeo und Julia auf dem Dorfe" von Gottfried Keller nach inhaltlichen und sprachlichen Gesichtspunkten.

Einleitung mit knapper Inhaltsangabe des Textauszugs

In seiner Novelle „Romeo und Julia auf dem Dorfe" aus dem Jahr 1856 rekonstruiert Gottfried Keller die Vorgeschichte des Selbstmords zweier junger Menschen, die die Kinder verfeindeter Väter sind und sich ineinander verliebt haben. Indem er einen auktorialen Erzähler das Geschehen vermitteln lässt, der auch die Perspektive der Liebenden einnehmen kann, ermöglicht er dem Leser einen Blick hinter die Kulissen der gemeinsam verübten Tat und Einblick in deren wahre Ursachen und Zusammenhänge. Die öffentliche Wahrnehmung des Geschehens ist jedoch eine andere, wie eine Zeitungsnotiz, die der Erzähler ganz am Ende der Novelle kommentarlos zitiert, deutlich macht.

Das Novellenende, das in der folgenden Erschließung einer eingehenden Betrachtung unterzogen wird, erzählt zuvor vom Beschluss der Liebenden, gemeinsam in den Tod zu gehen, und davon, wie sie ihn schließlich in die Tat umsetzen. Dabei korrespondiert die Szene auffällig mit dem Höhe- und Wendepunkt der Novelle, der Brückenszene, bei der sich die Kinder während einer heftigen Auseinandersetzung zwischen ihren Vätern ineinander verlieben. Beide Szenen finden am Fluss statt, der zum symbolischen Schauplatz einer Liebe wird, die von Anfang an nicht auf festem Grund gebaut werden kann und am Ende in den Tod führt.

Einordnung des Textauszugs in die Novelle

In der der Schlussszene unmittelbar vorangehenden Textpassage wird der letzte Tag im Leben des jungen Paares beschrieben, den sie miteinander feiernd und tanzend verbringen wollen. Als sie in den Dörfern als Kinder der verfeindeten Väter auf Verwunderung und Ablehnung stoßen, bleibt ihnen nur der Ausweg ins Paradiesgärtchen, wo sie zusammen mit den Heimatlosen feiern. Hin- und hergerissen zwischen Tanzeslust und Erschrecken, zwischen Zusammengehörigkeitsgefühl und Perspektivlosigkeit, lassen sie sich zunächst willenlos darauf ein, sich dem Rat des Schwarzen Geigers entsprechend dem freien Leben der Heimatlosen anzuschließen. Doch als sie erkennen, dass sie nicht außerhalb der Gesellschaft ein Leben in Untreue führen wollen, lösen sie sich aus dem tanzenden und feiernden Zug und bleiben allein in der Dunkelheit zurück, wo dann der Entschluss zum Selbstmord reift.

Vergleicht man das Novellengeschehen mit dem Bau eines Dramas, so stellt der Aufenthalt im Paradiesgärtchen das retardierende Moment dar, bei dem der sich abzeichnende Ausgang infrage gestellt wird, bevor dann das Geschehen in die Katastrophe mündet.

Aufbau des Textauszugs (Textabschnitte)

Der Textauszug kann entsprechend des Handlungsverlaufs in vier Teile gegliedert werden. Im ersten Teil beschließen Sali und Vrenchen, ihre Liebe durch einen gemeinsamen Selbstmord in Erfüllung gehen zu lassen (S. 88, Z. 2–4). Der zweite Teil stellt das als Brautbett dienende Heuschiff, das sie nacheinander besteigen, ins Zentrum (S. 89, Z. 1–33). Im dritten Abschnitt nimmt das Schiff Fahrt auf und führt die Liebenden vom Leben in den Tod (S. 89, Z. 34 – S. 90, Z. 7). Am Ende des Textauszugs und damit auch der Novelle findet sich eine das Geschehen kommentierende Zeitungsnotiz (S. 90, Z. 8–23).

Deutung der Textabschnitte: I. Abschnitt (Beschluss des gemeinsamen Selbstmords)

Zu Beginn des ersten Textabschnitts zeigt der Erzähler die Liebenden in leidenschaftlicher Erregung, geradezu im Rausch der Gefühle. An ihnen vollzieht sich „wie von selbst“ und „ohne den Befehl eines Willens“ (S. 88, Z. 4f.) eine Trauung – ein Akt, der die Bedingungslosigkeit ihrer

Liebe deutlich macht. Zuerst ist es dann Sali, der begreift, wie nahe die Erfüllung ihres gemeinsamen Liebesglücks liegt, indem er sagt: „Es gibt eines für uns, Vrenchen, wir halten Hochzeit zu dieser Stunde und gehen dann aus der Welt [...] – dort scheidet uns niemand mehr [...].“ (S. 88, Z. 7ff.) Mit Vrenchens spontaner Zustimmung (vgl. S. 88, Z. 12ff.) ist die letzte Station der äußeren und inneren Entwicklung der Novelle erreicht. Ein Leben ohne die Erfüllung ihrer Liebe wollen sich die Kinder nicht mehr vorstellen, vielmehr suchen sie die Erfüllung ihrer Liebe im Tod. In drängender Vorfreude darauf, die menschliche Gesellschaft endgültig zu verlassen, fühlen sich die Kinder von allen Sorgen befreit (vgl. S. 88, Z. 27) und verspüren nur mehr den Drang, sogleich ans Ufer zu gelangen und ihr Vorhaben in die Tat umzusetzen. „[L]eicht wie ein Vogel“ (S. 88, Z. 20) und lachend „wie ein Kind“ (S. 88, Z. 23f.) erlebt Vrenchen den Glücksrausch. Gedanken an „Tod und Untergang“ (S. 88, Z. 33) scheinen völlig zweitrangig und sind „ein Hauch, ein Nichts“ (S. 88, Z. 34), die beiden freuen sich nur mehr auf „den Rausch der Seligkeit, der in ihrer Vereinigung lag“ (S. 88, Z. 30f.). Auf der sprachlichen Ebene wird das Vorwärtsdrängen der Liebenden durch die asyndetische Reihung mit „und“ (vgl. S. 88, Z. 27–36) sichtbar. Als symbolischer Abschied vom Leben ist das Hineinwerfen der welken Blumen ins Wasser durch Vrenchen zu deuten, die an den Beginn des letzten gemeinsamen Tages (vgl. S. 60, Z. 14f.) erinnern; sie schickt sie „voraus“ (S. 88, Z. 37). Bestand hat aber weiterhin (auch im Tod) der Spruch „Doch süßer als ein Mandelkern ist meine Lieb zu dir!“ (S. 88, Z. 39f.; vgl. auch S. 74, Z. 21 f.), den Vrenchen lauthals dazu singt.

II. Abschnitt (Heuschiff als Brautbett)

Scheinbar zufällig stoßen Sali und Vrenchen auf „ein großes Schiff, hoch mit Heu beladen“, das ihnen als „Brautbett“ und damit als Ort ihres Liebestodes dienen soll (S. 89, Z. 1 und Z. 4). Allerdings hatten mehrere Vorausdeutungen im

Novellenverlauf schon nahegelegt, dass sie ihr Leben im Wasser beenden und damit ihre Liebe im Wasser besiegeln würden, die auch am Wasser – bei der Begegnung auf dem Holzsteg – ihren Anfang genommen hatte. Das Heuschiff ist jedoch nicht nur als eine „Aussteuer" vonseiten der Bauern zu verstehen und als „ein Bett, wie noch keine Braut gehabt" (S. 89, Z. 9f.), sondern in ihm verbinden sich symbolisch Acker und Wasser – beides elementare Dingsymbole der Novelle, die für bäuerliche Lebensweise einerseits und Entwurzelung andererseits stehen und damit die Schwellensituation der Kinder zwischen Leben und Tod deutlich machen. Sali wirkt ebenso entschlossen wie Vrenchen, als er „[i]n wilder Laune" (S. 89, Z. 5) das Schiff losbindet. Die Personifikation des Schiffes – „schon schwankt es und will hinaus" (S. 89, Z. 13f.) – untermauert seine Stellung als symbolischer Schauplatz. Der Junge geleitet nun Vrenchen auf den Händen balancierend zum Schiff und hebt sie auf die „hoch gebettete, weiche und duftende Ladung" (S. 89, Z. 29f.), bevor er sich selbst hinaufschwingt. Während der Fluss als treibende und ziehende Kraft erscheint (vgl. S. 89, Z. 19 und Z. 27f.), wirken die Kinder völlig willenlos und den Elementen ergeben. Angesichts des „kühle[n] Wasser[s]" (S. 89, Z. 21) erinnert Vrenchen an ihre Begegnung auf dem Steg und daran, dass sie damals Fische fingen. Nun aber würden sie selbst zu „zwei schöne[n] große[n]" Fischen (S. 89, Z. 25), was auf ihren baldigen Tod in eben diesen „kalten Fluten" (S. 90, Z. 7) verweist.

III. Abschnitt (Fahrt in den Tod)

Ganz ohne Steuermann – erinnert sei an den aus der griechischen Mythologie bekannten Steuermann Charon, der die Seelen der Toten vom Diesseits ins Jenseits bringt – nimmt das Schiff Kurs auf „die Mitte des Stromes hinaus" (S. 89, Z. 32). Die Kinder, wohl höchsten Leidenschaften hingegeben, werden nicht mehr erwähnt; an ihrer statt beschreibt der Erzähler verschiedene Landschaftsansichten, die in einer

Atmosphäre der Stille entsprechend der Bewegung des Schiffes am Ufer vorbeiziehen: Es sind hohe Wälder, offenes Land, stille Dörfer und einzelne Hütten (vgl. S. 89, Z. 34ff.). Diese Naturdarstellung ist gleichnishaft zu verstehen und beschreibt symbolisch die Fahrt der Liebenden in verschiedenen Stationen vom Leben in den Tod. Dazu passt es, dass der Fluss mal „[dahin]strömt[...]", mal „einem ruhigen See" (S. 89, Z. 37f.) gleicht und am Ende der Mond als das zentrale Bild der Romantik ins Zentrum tritt. Dann allerdings nähert sich der Strom der Stadt und damit wird – ganz in der Tradition Feuerbachs – jede Hoffnung auf ein Jenseits desillusioniert, zumal das Schiff auf der „glänzende[n] Bahn" (S. 90, Z. 2) des Mondes „überquer gefahren" (S. 90, Z. 4) kommt und die Liebenden dann in den Fluten versinken. Während die Naturdarstellung von einem sehr lyrischen Stil geprägt ist, indem einzelne Elemente personifiziert werden (vgl. z.B. S. 90, Z. 1ff.), ein breites Spektrum an Licht- und Farbwerten formuliert wird (vgl. z.B. S. 89, Z. 34 und Z. 40, S. 90, Z. 2), die Syntax die gleitende Bewegung des Heuschiffs anschaulich nachvollzieht (vgl. das anaphorische „bald", S. 89, Z. 34ff.) und auf der lautlichen Ebene dunkle Vokale dominieren (vgl. S. 89, Z. 34f.), ändert sich der Tonfall am Ende dramatisch: Vom „Frost[...] des Herbstmorgens" ist die Rede, von „zwei bleiche[n] Gestalten", von der „dunklen Masse" und „kalten Fluten" (S. 90, Z. 5ff.) – die endgültige Grenze zwischen Leben und Tod ist erreicht. Indem Keller – abgesehen vom Schlusssatz dieses Abschnitts – Aussagen über die Liebenden und damit die Hochzeitsnacht auf dem Heuschiff ausspart und seinen Fokus auf die Beschreibung der Natur legt, verzichtet er respektvoll auf eine Bewertung ihres Verhaltens, bekundet aber durch die Art und Weise der Naturdarstellung sein unausgesprochenes Einverständnis mit ihnen.

IV. Abschnitt (Kommentar des Erzählers)

Völlig anders gewertet wird der Tod der Kinder in dem am Ende der Novelle indirekt wiedergegebenen Zeitungsartikel, der einerseits das dramatische Geschehen an sich als Sensationsgeschichte zusammenfasst und andererseits starke Wertungen aus der Sicht der vermeintlich „guten“ Gesellschaft enthält: Der Verfasser des Artikels spricht von einer „verzweifelte[n] und gottverlassene[n] Hochzeit“ (S. 90, Z. 21) und wertet den Liebestod als „Zeichen von der um sich greifenden Entsittlichung und Verwilderung der Leidenschaften“ (S. 90, Z. 22f.). Dieser Satz hallt nach, da er der letzte der Novelle ist. Zudem verzichtet der auktoriale Erzähler in großer Zurückhaltung auf einen eigenen Kommentar des Geschehens und appelliert indirekt an die Urteilsfähigkeit seiner Leser. Sprachlich hebt sich der letzte Abschnitt der Novelle mit seiner nüchternen, bilanzierenden Sprache deutlich ab von der lyrischen Beschreibung der symbolischen Fahrt in den Tod.

Schluss

Das Novellenende stellt weder eine Verherrlichung des Selbstmords noch seine moralische Rechtfertigung dar, sondern wird als eine Notwendigkeit infolge der widrigen Lebensumstände der Kinder erachtet. Keller verzichtet auf einen Blick ins Jenseits und damit auf die Frage nach einem göttlichen Sittengebot. Sein Augenmerk dient diesseitigen Entwicklungen und so will er den Freitod zweier junger, gesunder Menschen, heraufbeschworen durch ihr Schicksal und besiegelt durch ihren eigenen Entschluss, möglichst natürlich gestalten, wobei durch die künstlerische Gestaltung des poetischen Realisten Gottfried Keller über dem Novellenende auch ein Schimmer der Versöhnung liegt.

Beispiel für eine aspektgeleitete Textanalyse

„Romeo und Julia auf dem Dorfe", S. 77 (Z. 7) – S. 80 (Z. 34)

Aufgabe: Untersuchen Sie die Motivik in der Szene „Paradiesgärtchen" der Novelle „Romeo und Julia auf dem Dorfe" von Gottfried Keller und arbeiten Sie ihren symbolischen Gehalt heraus.
Zeigen Sie dabei auch mögliche Bezüge zu anderen Passagen der Novelle auf.

Einleitung mit knapper Inhaltsangabe des Textauszugs

In seiner 1856 erschienenen Novelle „Romeo und Julia auf dem Dorfe" gestaltet Gottfried Keller ein bekanntes Motiv der Weltliteratur neu: Es geht um Liebe und Tod von Kindern verfeindeter Väter. Parallel zur Feindschaft der Bauern Manz und Marti, die den sozialen wie ökonomischen Niedergang beider Familien bedeutet, entwickelt sich eine zarte Liebesgeschichte zwischen ihren Kindern Sali und Vrenchen, die angesichts des Zwists ihrer Väter in der Realität der dörflichen Gemeinschaft des 19. Jahrhunderts keinen Platz hat.

Bevor sie am Ende der Novelle gemeinsam in den Tod gehen, durchleben sie einen einzigen gemeinsamen Tag voller Ausgelassenheit und Liebeserfüllung, an dessen Ende sie im „Paradiesgärtchen" in die Gesellschaft der Heimatlosen geraten. Sie werden verführt, sich ihrer freien und unbeschwerten Lebensweise anzuschließen. Im Rausch wilden Tanzens erschrecken die Verliebten kurz über die Anwesenheit des Schwarzen Geigers, der ihnen an anderer Stelle der Novelle als Kindern der verfeindeten Bauern, die ihn um sein Erbe betrogen hatten, einen frühen Tod prophezeit hat. Doch dann lassen sie sich zusammen mit einer Reihe von weiteren Personen wieder in den Sog der wilden Musik hineinziehen.

Einordnung des Textauszugs in die Novelle

Dieser Tanz findet am Ende eines langen Tages statt, den die Liebenden recht unbeschwert im Kirchweihtrubel eines benachbarten Dorfes verbringen. Als sie jedoch erkannt werden, sehen sich Sali und Vrenchen unversehens von der harten Wirklichkeit und ihrer ausweglosen Zukunft eingeholt. Das abseits gelegene Paradiesgärtchen erscheint als der richtige Ort, der Realität noch einmal zu entkommen und Vrenchens Wunsch, gemeinsam zu tanzen, in Erfüllung gehen zu lassen.

Vergleicht man die Novelle in ihrem Aufbau mit dem eines Dramas, so kann man die zu analysierende Szene in die fallende Handlung einordnen. Der Tanz im Paradiesgärtchen stellt ein retardierendes Moment dar, bevor die Kinder angesichts ihrer ausweglosen Zukunft beschließen, den gemeinsamen Freitod als Ausweg zu nehmen. Den Vorschlag des Schwarzen Geigers, den dieser dem verliebten Paar im weiteren Verlauf ihres Aufenthalts in der Waldschenke unterbreitet, mit den Heimatlosen zusammen in Freiheit in den Bergwäldern zu leben (vgl. S. 83, Z. 8ff.), lehnen beide schließlich auch ab – Sali von vornherein und Vrenchen mit dem Hinweis darauf, in Treue und damit im Schutze der gesellschaftlichen Ordnung leben zu wollen. Zwar lassen die Liebenden anschließend noch eine spaßhafte Trauungszeremonie über sich ergehen, doch reift auf ihrem nächtlichen Hochzeitszug durch ihr Heimatdorf und zu den Äckern der Väter, auf denen sie ihre Kindheit verbracht haben, ihr Entschluss, gemeinsam aus dem Leben zu scheiden.

Aufbau des Textauszugs (Untersuchungsaspekte)

In der Szene „Paradiesgärtchen“ zeigt sich deutlich Kellers virtuoses Spiel mit andeutenden und verdichtenden Bildern, aus denen ein üppiges Motivgeflecht um die Begriffe Ordnung und Verwilderung entsteht, die die beiden Pole „bürgerliche Gesellschaft“ und „Gesellschaft der Heimatlosen“ spiegeln – in dieser Szene konzentriert im Bild des „Hauses“ und des „Gartens“. Darin verwoben sind zahlreiche religiöse Motive und Symbole, ebenso wie der auffällige Gebrauch von Farben, insbesondere bei der Beschreibung der Natur sowie der Kleidung der im Paradiesgärtchen Tanzenden. All diese Aspekte sollen im Folgenden einschließlich ihres Bedeutungsgehalts sowie möglicher Parallelen zu anderen Passagen der Novelle analysiert werden.

Deutung der Aspekte:
1. Das „Wirtshaus" als Symbol für Ordnung und Kultur, aber auch für Wildheit und Niedergang

Schauplatz des Geschehens ist „ein schön gelegenes Wirtshaus" (S. 77, Z. 8), das den Leser zunächst an die beiden anderen von den jungen Leuten an diesem Tag bereits besuchten Wirtshäuser (vgl. S. 66, Z. 28ff. und S. 70, Z. 18ff.) erinnert, die in ihnen inmitten sichtbaren Wohlstands ein Gefühl von Geborgenheit erzeugt hatten. Mit diesem Wirtshaus verhält es sich jedoch etwas anders, da es zum einen Treffpunkt des ärmeren Volks ist und zum anderen als „wunderliche[r] Landsitz" (S. 77, Z. 17) bereits im Verfall begriffen ist, nachdem es vor hundert Jahren einmal von einem „reichen Sonderling" (S. 77, Z. 14) erbaut worden war. Jetzt ist es „gänzlich verwittert" (S. 77, Z. 24), die Fresken sind „verwaschen[...]" (S. 77, Z. 31), „verwischt und undeutlich wie ein Traum" (S. 77, Z. 33f.), und ringsumher macht sich verwilderte Natur breit (vgl. S. 78, Z. 4). Das wiederholt verwendete Präfix „ver-" macht diesen Verfall auch auf sprachlicher Ebene deutlich. Somit ist das „Wirtshaus" ein Symbol für den Verlust von Beständigkeit, Ordnung und Kultur. Es spiegelt die Situation der Liebenden insofern, als auch ihr Leben, einst geprägt von idyllisch schönen und unbeschwerten Kindertagen (vgl. den Novellenanfang), ein anderes geworden ist – ausgelöst durch den Konflikt der Väter um den Brachacker. Beide Familien haben Haus und Hof und damit jegliches gesellschaftliches Ansehen verloren.

Untersucht man das Motiv des Hauses auch an anderen Stellen der Novelle, so erinnert insbesondere die Passage, in der der Erzähler Vrenches Auszug aus dem Haus ihres

Vaters beschreibt (vgl. S. 65, Z. 22ff.), an die Waldschenke im Paradiesgärtchen, da beide Häuser schon bessere Tage gesehen haben (vgl. S. 40, Z. 6ff.). Das Lebkuchenhaus, das Sali auf dem Kirchweihfest für Vrenchen erwirbt, ist ein weiteres symbolträchtiges Haus, ein „Liebeshaus" (S. 78, Z. 12). Gerade in dieser Szene während des wilden Tanzes zerbricht es (vgl. S. 78, Z. 24f.), was symbolisch für ein jähes Zerplatzen des Traums vom Glück in der Zweisamkeit gewertet werden kann. Insgesamt also spiegelt das Motiv des Hauses vor allem immer wieder die Situation der Liebenden, es steht für ihre Mittellosigkeit, für den Verlust ihrer Bürgerlichkeit und ihr Abgleiten in die Sphäre der Heimatlosen.

2. Das „Paradiesgärtchen" als symbolischer Ort für Leidenschaft und Liebe

Umgeben ist die Waldschenke von einem weitläufigen Park, in dem aber ganz offenbar die Natur im Begriff ist, sich ihren Raum wieder zurückzuerobern: Die Rede ist von „ver*wild*erte[n] Kastanienbäume[n] und knorrige[n] starke[n] Rosenbüsche[n]", beides an sich von Menschenhand kultivierte Pflanzen, die hier aber „auf eigene Hand" fortleben und *„wild* herum[wachsen]" (S. 78, Z. 4ff.; Hervorhebung Autoren). Diese Beschreibung des Paradiesgärtchens steht zum einen in krassem Kontrast zur Eingangsszene der Novelle, in der die akkurate Feldbestellung der beiden Bauern und somit die kultivierte Natur beschrieben wird, zum anderen erinnert sie an „de[n] *wilden* Acker" (S. 10, Z. 16; Hervorhebung Autoren) dazwischen und „[s]eine ungewohnte und merkwürdige *Wildnis"* (S. 10, Z. 18; Hervorhebung Autoren). Auffällig korrespondiert die Wortwahl in der Beschreibung der Natur auch mit der Beschreibung des Tanzgeschehens: *„[W]ilde* Musik" (S. 78, Z. 16; Hervorhebung Autoren), die Musik des einfachen Volkes, ertönt, zu der leidenschaftlich und ausgelassen getanzt wird (vgl. z.B. S. 80, Z. 3ff.). Ebenso frei und ungehemmt wie die Pflanzen im Paradiesgärtchen wachsen dürfen, bewegen sich auch die Tanzenden voller Leidenschaft und Hingabe. Damit wird das Paradiesgärtchen in seiner Wildheit und Unkultiviertheit und mit ihm die Gesellschaft der Heimatlosen zum geborgenen Liebesnest für Sali und Vrenchen und zum symbolischen Ort für Leidenschaft. Symbolisch überhöht wird das Geschehen zudem durch das Bestimmungswort „Paradies-", das auf einen Ort verweist, wo eine höhere – göttliche? – Gerechtigkeit waltet und alle Standesschranken ausgelöscht sind.

3. Religiöse Symbolik: Vrenchens Reinheit im Kontrast zur Wildheit der Heimatlosen

Bildnisse von Engeln und sehr weltlich wirkenden Heiligen, die singen und tanzen, zieren die Waldschenke und stehen neben Weinreben mit blauen, reifenden Trauben, Attribut des der römischen Mythologie zugehörigen Gottes Dionysos[1] – christliche stehen neben antiken heidnischen Symbolen (vgl. S. 77, Z. 25 und Z. 32f. und S. 78, Z. 2). Dazwischen setzt Keller Vrenchen selbst als „heilige[...] Kirchenpatronin", die ihr Lebkuchenhaus wie „das Modell eines Domes oder Klosters" (S. 78, Z. 12ff.) vor sich herträgt. Dass es dem Autor Gottfried Keller, der Feuerbachs Atheismus mehr abgewinnen konnte als jeder Art von Religion, weniger um eine religiöse Überhöhung des Geschehens ging als vielmehr darum, verschiedene Bereiche klar voneinander abzutrennen, wird schnell offensichtlich. Auf der einen Seite steht die Waldschenke als ein dionysisch-rauschhafter Bereich, in dem hemmungslos gefeiert, gesungen und getanzt wird, auf der anderen Vrenchen als die Inkarnation der Reinheit und Unschuld, die zusammen mit Sali von der Wildheit der Umgebung aufgesogen und in das leidenschaftliche Treiben hineingezogen wird.
Auch an anderer Stelle der Novelle bedient sich Keller religiöser Motivik, etwa wenn er die Angler am Fluss mit einer „Galerie von Heiligen- oder Prophetenbildern" (S. 31,

[1] Dionysos: Gott des Weines, der Freude, der Trauben, der Fruchtbarkeit und der Ekstase; von den Römern wegen des Lärmes, den sein Gefolge veranstaltete, auch Bacchus (Rufer) genannt; in der Literatur und Poesie oft als Lyäus (Sorgenbrecher) bezeichnet

Z. 32f.) vergleicht oder Sali sein Heimatdorf nach der Begegnung mit Vrenchen als ein „himmlisches Jerusalem [...] mit zwölf glänzenden Pforten“ (S. 38, Z. 5f.) erlebt. In beiden Fällen entlarvt sich auch hier ein das Geschehen aus ironischer Distanz mit leichtem Augenzwinkern kommentierender Erzähler.

4. Farbsymbolik: Liebe, Untreue, Unheil und Hoffnung

Eine auffällige Farbsymbolik durchzieht den ganzen Textauszug und auch diese lässt einige Rückschlüsse auf das in ihr gespiegelte Geschehen zu: Als Hoffnungsschimmer für die Liebenden fungieren zum einen der „grüne[...] Tannenbusch“ (S. 78, Z. 30) des Hütchens auf dem Haupt des Schwarzen Geigers, der damit nicht so bedrohlich und feindselig wie früher auf die Kinder wirkt, zum anderen der „silberne[...] Duft des Herbstabends“ (S. 79, Z. 21), ein Bild, in dem Keller mithilfe einer Synästhesie[1] die bezaubernde Atmosphäre im Paradiesgärtchen wiedergibt.
Doch ist die Szenerie auch von negativen Vorzeichen überschattet: Für das belastete Gewissen nach einer Verführung zur Untreue stehen das „schwarzseidene[...] [...] Kleid“ und die „rote[n] [...] Streifen“ (S. 80, Z. 6f. und Z. 9) des Halstuchs eines stets allein tanzenden Mädchens, das Vrenchen sich zum Negativexempel nimmt (vgl. S. 84, Z. 6ff.). Auch die „Röte“ (S. 80, Z. 30) des aufgehenden Mondes am Horizont, die eine rauschhafte Liebesnacht ankündigt, korrespondiert auffällig mit dem zur Todesstunde „rot wie Gold“ (S. 90, Z. 2) untergehenden Mond. Liebesglück und Liebestod werden somit durch die fließende Verwendung der Farbsymbolik direkt nebeneinandergestellt. Auf den Tod verweisen auf der Ebene der Farbsymbolik auch die „blaue[n] reifende[n] Trauben“ (S. 78, Z. 2): Reife und Vergänglichkeit werden gleichermaßen in die Farbe Blau projiziert.

---

[1] Synästhesie: Verknüpfung verschiedener Sinneswahrnehmungen zu einem Bild; hier: visueller Eindruck und Geruchsempfindung

Fazit: Symbolische Spiegelung der Situation der Liebenden

Zusammenfassend lässt sich feststellen, dass Keller in dem dichten Motivgeflecht des zu analysierenden Textauszugs, bei dem sich zahlreiche Bezüge zu anderen Textstellen herstellen lassen, vor allem die Situation der Liebenden spiegelt: einerseits ihre Ausweglosigkeit, andererseits ihr Liebesglück. Manche Motive sind inhaltlich ambivalent, etwa das Motiv des Hauses oder bestimmte Farben, was deutlich macht, dass die Szene im Paradiesgärtchen als retardierendes Element ins Positive oder ins Negative umschlagen kann. Dass der Tod für die Liebenden letztlich unausweichlich ist, wird erst kurz darauf (vgl. S. 88, Z. 7 ff.) beschlossen.

Schluss

Abschließend lässt sich festhalten, dass aus dem reichen Motivgeflecht der Novelle auch auf die Epochenzugehörigkeit des Werks rückgeschlossen werden kann. Denn im Poetischen Realismus wird einerseits die Wirklichkeit sehr detailgenau wiedergegeben, andererseits wird das Alltägliche durch ein dichtes Geflecht an Symbolen zum Allgemeinmenschlichen überhöht. Die Novelle „Romeo und Julia auf dem Dorfe" ist damit nicht nur die Geschichte Salis und Vrenchens, sondern die Geschichte zweier Menschen, die aufgrund äußerer Umstände ihre Liebe nicht innerhalb der bürgerlichen Gesellschaft ausleben können.

Der Blick auf die Prüfung: Themenfelder

Dieses Kapitel dient zur unmittelbaren Vorbereitung auf die Prüfung – sei es die Schulaufgabe, die Klausur oder die schriftliche bzw. mündliche Abiturprüfung. In einer übersichtlichen grafischen Form werden wichtige Themenfelder überblicksweise dargeboten. Zudem verweist eine kommentierte Liste mit Internetadressen auf mögliche Quellen für Zusatzinformationen im Netz (S. 138)

Die schematischen Übersichten können dazu genutzt werden,

- die wesentlichen Deutungsaspekte der Novelle vor der Prüfung im Überblick zu wiederholen,
- die Kerngedanken der Novelle noch einmal selbstständig durchzudenken und
- mögliche Verständnislücken nachzuarbeiten.

Zum Verständnis der Schemata ist die Kenntnis der vorangegangenen Kapitel unerlässlich. Die folgende Schwerpunktsetzung beruht auf Erfahrungen aus jahrelanger Prüfungspraxis. Übersicht IV (Vergleichsmöglichkeiten mit anderen literarischen Werken, S. 136f.) soll als Anregung dienen, den eigenen Lektürekanon auf interessante Vergleichspunkte hin abzuklopfen.

Übersicht I: Der Tod als tragische Konsequenz – Erklärung, Deutung und Wirkung

Belastungen für die Liebe zwischen Sali und Vrenchen

materiell:
- Verlust von Obdach und Besitz
- fehlende Zukunftsperspektive (keine Arbeit, kein Geld)

ideell:
- Unrecht der Väter (Gerede der Leute, Schwarzer Geiger als „Rächer")
- Verletzung Martis durch Sali

Trotzdem ↓

Wunsch nach einem Leben in geordneten bürgerlichen Verhältnissen
- „Wenn du einst meine Frau bist?" (S. 48, Z. 32 f.)
- Traum: „Und waren so glücklich, sauber geschmückt und es fehlte uns an nichts." (S. 55, Z. 23 f.)
- „in drei Wochen halten wir Hochzeit" (S. 62, Z. 28)

↓

Hochzeitswanderung
- „nur einmal recht lustig sein" (S. 56, Z. 13)
- saubere Kleidung (vgl. S. 59 f.)
- Einkehren in reinlichen Wirtshäusern (vgl. S. 66 f. und S. 70 ff.)
- Ringe, Haus und Herz als sichtbare Zeichen der Ehe (vgl. S. 73 ff.)

↓

Abbruch und Flucht
- „Hier können wir nicht tanzen!" (S. 76, Z. 28)

Daher ↓

Unmöglichkeit eines Lebens in geordneten bürgerlichen Verhältnissen
- „Es wird nie gut kommen" (S. 41, Z. 25)
- „Es ist aus, es ist ewig aus, wir können nicht zusammenkommen!" (S. 50, Z. 23 f.)
- „Dies würde immer ein schlechter Grundstein unserer Ehe sein" (S. 54, Z. 31 f.)

↓

Paradiesgärtlein/Verführung durch den Schwarzen Geiger
- freies Leben ohne Pfarrer, Geld, Schriften, Ehe, Bett (vgl. S. 83, Z. 10 f. und Z. 20)
- scherzhafte Trauung (vgl. S. 83 f.)

↓

Ablehnung
- „da geht es auch nicht nach meinem Sinne zu" (S. 84, Z. 2 f.)

Ernsthafte Trauung und Treueversprechen …

„du bist mein Mann und ich deine Frau, wir wollen es einmal einen Augenblick lang denken" (S. 87, Z. 18 f.)

… und Vereinigung im Tod

„es nimmt dich niemand mehr aus meiner Hand als der Tod" (S. 88, Z. 16 f.)

Deutung	Selbstmord als Ausweg infolge der Lebensumstände der Kinder, Sozialkritik: Liebende als „Märtyrer" der bürgerlichen Moral

Übersicht II: Erzäh

Kennzeichen der Novelle

- Erzählung in Prosa
- Gestaltung eines real vorstellbaren Ereignisses
- zentraler Konflikt:
  Normales vs. Außergewöhnliches
  Althergebrachtes vs. Neuartiges
  (äußerer Konflikt der Bauern bzw. Gewissenskonflikt der Kinder)
- straffe (einlinige) Handlungsführung in chronologischer Abfolge (mit Rahmenbau)
- Höhepunkt, Wendepunkt
- Dingsymbol („Falke"): Acker

Die Novelle „Romeo und Julia auf dem Dorfe"

auktorialer Erzähler

- objektive Erzählerinstanz mit Distanz zum Erzählten
- Kenntnis vom Innenleben der Figuren, Wiedergabe von deren Gedanken und Gefühlen
- freies Bewegen im Raum (auch Perspektivenwechsel) und in der Zeit (Rückblicke und Vorausdeutungen)
- Leserlenkung durch moralische, z. T. ironische Kommentare von Verhaltensweisen bzw. Charaktereigenschaften (z. B. S. 82, Z. 11 ff.)

Novellenstruktur

Teil 1		Teil 2	
Eingangsbild	**Brückenszene** Höhepunkt: Hass der Bauern		**Hochzeit**
Streit ↗		Liebe ↗	↓
pflügende Bauern, spielende Kinder		Wendepunkt: Liebe der Kinder	**Tod**
Erzählte Zeit: 14 Jahre ⇒ Raffung		Erzählte Zeit: 4 Tage ⇒ Dehnung	

heoretische Aspekte

Sprache: realistische und poetische Sprache
(= Sprache des Poetischen Realismus)

- bildhafte Vergleiche und Vorausdeutungen (z. B. Bohnenranken ≙ Vrenchens Lebenslauf, vgl. S. 40, Z. 18 ff.)
- antike und biblische Bezüge (z. B. Freskomalereien im Paradiesgärtlein, vgl. S. 77, Z. 20 ff.)
- (häufige ironische) Tiervergleiche (z. B. küssende Kinder als hungrige Wachteln, vgl. S. 48, Z. 6 ff.)
- Märchenmotive (z. B. Sali als Königssohn, vgl. S. 36, Z. 12; Vrenchen als Prinzessin, vgl. S. 62, Z. 8 ff.)

Epoche: Poetischer Realismus

- Wiedergabe von Wirklichkeit: Detailrealismus (z. B. präzise Milieuschilderungen, Schauplatzbeschreibungen)
- Überhöhung des Alltäglichen zum Allgemeinmenschlichen: dichtes Symbolgeflecht (vgl. Übersicht III)
- Veranschaulichung allgemeinmenschlicher Situationen und Verhaltensweisen am konkreten Beispiel (z. B. Habgier und Egoismus am Beispiel der Bauern)
- romantisches Thema im realistischen Zusammenhang (z. B. Liebe und deren Anerkennung durch die Gesellschaft; Schwarzer Geiger: Typus des Künstlers vs. realistische Köhlerarbeit)

Übersicht III: Symbol

Def.: „Symbol“

Symbolische Orte

① mittlerer Acker

- Spielplatz der Kinder, Schauplatz des ersten Rendezvous
  → Symbol für Glück der Kindheit
- Ursache des Streits
  → Symbol für Schuld der Väter
- Schauplatz der Auseinandersetzung Sali/Marti
  → Symbol für Schuld Salis
- Schauplatz des nächtlichen Hochzeitszugs
  (Ehe- und Hochzeitsversprechen)
  → Symbol für Vergangenheit, der sich die Kinder nicht entziehen können

② Fluss

- Angeln am Fluss
  → Symbol für die existenzielle Not der Bauern
- Kampf auf schwankendem Steg über dem Fluss
  → Symbol für die Entwurzelung der Bauern
- Begegnung der Liebenden auf schwankendem Steg
  → Symbol für unsichere Verbindung
- Heuschiff auf dem Fluss
  → Symbol für bäuerliche Herkunft der Liebenden und die elementare Gewalt der Leidenschaften bis zum Tod

③ Paradiesgärtlein

- Zufluchtsort für Sali und Vrenchen
  → Symbol für ein von der Gesellschaft abgegrenztes kleines „Paradies“ (Ironie!)

n Kellers Novelle

sinnlich wahrnehmbare(r) Gegenstand/Person/Handlung
→ Bedeutung im Erzählzusammenhang des Textes
und
→ Verweis auf einen abstrakten Bereich

Dingsymbole

① Stein

- Steinpyramide auf dem Brachacker
  → Symbol für wachsende Schuld
- Steinhaufen als „Kanzel" des Schwarzen Geigers
  → Symbol für das Unrecht der Väter
- Steinschlag gegen Marti
  → Symbol für die schuldhafte Verstrickung

② Haus

- Verlust von Haus und Hof
  → Symbol für Verlust bürgerlicher Existenz
- Lebkuchenhaus als Geschenk an Kirchweih
  → Symbol für süßen Traum von gemeinsamer Zukunft (wie Herz)
- Zerbrechen des Hauses beim Tanz
  → Symbol für Scheitern des Traums von einer sicheren Existenz
- grüne Wälder als „Haus" der Heimatlosen
  → Symbol für Anonymität der Ausgestoßenen

Wettersymbolik
(vgl. „Brückenszene")
- aufziehendes Unwetter → Anspannung der Gefühle
- Gewitter → Entladung der Aggressionen
- Wolkenriss → Beginn einer gefährdeten Liebe
- Regenguss → Ankündigung weiteren Unheils

Farbsymbolik
- Gold (z. B. Septembertag, Ähren) → Stille, Erwartung
- Rot (z. B. Mohnblumen, Beeren, Halstuch) → Liebe, Leidenschaft, Gewalt, Tod
- Grün (z. B. Tannenbusch am Hut des Geigers) → Hoffnung
- Blau (Himmel, Fluss) → Todessehnsucht

Übersicht IV: Vergleichsmöglichke

Figuren und ihre Beziehungen zueinander – Vergleichsmöglichkeiten

- Frauenfiguren: traditionelles oder unzeitgemäßes Frauenbild? (z. B. Goethes „Faust" (Gretchen), Kleists „Die Marquise von O…", Hebbels „Maria Magdalena")
- Vaterfiguren: Einengung oder Abgrenzung? (z. B. Lessings „Emilia Galotti" (Odoardo), Kleists „Die Marquise von O…" (Herr von G.), Fontanes „Effi Briest" (Herr von Briest))
- Beziehung Sali – Vrenchen: verbotene, zum Scheitern verurteilte Liebe (z. B. Frischs „Homo faber" (Walter – Sabeth), Shakespeares „Romeo und Julia", Fontanes „Effi Briest" (Effi – Major von Crampas))
- der Schwarze Geiger: Typus des Außenseiters, des Künstlers, des Verführers (z. B. Goethes „Faust" (Mephistopheles), Eichendorffs „Aus dem Leben eines Taugenichts", Hoffmanns „Der Sandmann" (Coppelius))

Die Novelle „Romeo und Julia auf dem Dorfe" im Vergleich mit anderen Werken – thematische und formale Bezüge

Vergleich der auktorialen Erzählsituation mit der

- personalen Erzählsituation (z. B. Kafkas „Die Verwandlung")
- Ich-Erzählsituation (z. B. Frischs „Homo faber")

en mit anderen literarischen Werken

Motivvergleiche

- (Frei-)Tod einer literarischen Figur/Liebestod (Lessings „Emilia Galotti“, Goethes „Die Leiden des jungen Werthers“, Wagners „Tristan und Isolde“)
- gesellschaftlicher Druck (Büchners „Woyzeck“, Brechts „Der gute Mensch von Sezuan“, Dürrenmatts „Der Besuch der alten Dame“)
- Schuld und Sühne (Sophokles' „Antigone“, Goethes „Faust“, Kafkas „Der Prozess“)
- Natur und Kultur (Goethes „Faust“, Stifters „Bergkristall“, Walsers „Ein fliehendes Pferd“)

Vergleich der Novellenkonzeption mit einer

- Novelle von Kleist: „Die Marquise von O...“ (1808)
- Novelle des Naturalismus: „Bahnwärter Thiel“ von Hauptmann (1887)
- Novelle der Moderne: „Ein fliehendes Pferd“ von Walser (1978)

Internetadressen

Unter diesen Internetadressen kann man sich zusätzlich informieren:

www.xlibris.de/Autoren/Keller/Biographie/Seite1
(informative Biografie zu Gottfried Keller)

www.zeno.org/Literatur/M/Lessing,+Gotthold+Ephraim/Bio graphie
(chronologische Übersicht zum Leben Kellers)

gutenberg.spiegel.de/autor/312
(größere Sammlung verschiedener Keller-Texte, u. a. seine Novellen, sein Roman „Der grüne Heinrich" sowie Gedichte und autobiografische Texte)

www.liberley.it/k/keller_g.htm
(umfangreiche Sammlung verschiedener Keller-Texte)

www.gottfriedkeller.ch
(Informationen zu Leben und Werk, zum zeitgenössischen Umfeld Kellers, zur Sekundärliteratur, über Keller-Institutionen etc. – im Zusammenhang mit der Historisch-Kritischen Gottfried Keller-Ausgabe verfasst)

www.gottfriedkeller-gesellschaft.ch
(Homepage der Gottfried Keller-Gesellschaft: Bewahren der Erinnerung an Gottfried Keller und sein Werk)

www.zb.uzh.ch/profil/turicensia/gottfriedkeller
(elektronischer Katalog der Gottfried-Keller-Bibliografie)

http://bildungsserver.hamburg.de/gottfried-keller/
(großes Angebot mit hilfreichen Verweisen zu den Rubriken Biografisches, Gesamtdarstellungen, Texte im Internet, Werke, historischer Hintergrund und Literaturgeschichte, Linksammlung, Sekundärliteratur)

www.ub.fu-berlin.de/service_neu/internetquellen/fachinfor mation/germanistik/autoren/autork/keller.html
(Linksammlung mit Verweisen auf Umfassendes, Bibliografien und Verzeichnisse, Kurzbiografien, Werke, Texte, Spezialthemen, Schulprojekte, Rezensionen)
[Stand: 16.12.2013]

Literatur

Textausgabe

Keller, Gottfried: Romeo und Julia auf dem Dorfe, hrsg. von Johannes Diekhans, erarbeitet und mit Anmerkungen versehen von Helge Wilhelm Seemann, Paderborn (Schöningh) [11]2012

Keller, Gottfried: Der grüne Heinrich. Zweite Fassung, Zürich 1993

Keller, Gottfried: Die Leute von Seldwyla, Frankfurt a. M. 1987

Sekundärliteratur

Brück, Martin: Gottfried Keller, Romeo und Julia auf dem Dorfe, Freising 2010

Eckermann, Johann Peter: Gespräche mit Goethe in den letzten Jahren seines Lebens, Berlin/DDR, Weimar 1982

Fontane, Theodor: Die Leute von Seldwyla, in: Nymphenburger Taschenbuch-Ausgabe, Bd. 14, München 1969

Freund-Spork, Walburga: Erläuterungen zu Gottfried Keller, Romeo und Julia auf dem Dorfe, Hollfeld [5]2010

Gaese, Heinrich et alii: Deutsche Novellen des 19. Jahrhunderts. Interpretationen zu Storm und Keller, Wemding [2]1964

Hein, Edgar: Gottfried Keller, Romeo und Julia auf dem Dorfe, 2., überarbeitete und ergänzte Auflage, München 1988

Hein, Jürgen: Gottfried Keller, Romeo und Julia auf dem Dorfe, Stuttgart 1971

Jens, Walter (Hrsg.): Kindlers neues Literatur-Lexikon, Studienausgabe, Band 8, München 1996

Jeziorkowski, Klaus (Hrsg.): Dichter über ihre Dichtungen: Gottfried Keller, München 1969

Karthaus, Ulrich: Novelle, Bamberg ^{4}1996

Rösch, Herbert et alii: Grundlagen, Stile und Gestalten der deutschen Literatur. Eine geschichtliche Darstellung, Berlin 1996

van Rinsum, Annemarie und Wolfgang: Deutsche Literaturgeschichte, Band 7: Realismus und Naturalismus, München ^{2}1997

Rychner, Max: Gottfried Keller. In: Heimpel, Hermann et alii (Hrsg.): Die großen Deutschen. Deutsche Biographie, Band 3, Gütersloh 1978

Wilpert, Gero von: Sachwörterbuch der Literatur, 8. verb. u. erw. Aufl., Stuttgart 2001

Wucherpfennig, Wolf: Geschichte der deutschen Literatur. Von den Anfängen bis zur Gegenwart, Stuttgart ^{3}1996

Wysling, Hans (Hrsg.): Gottfried Keller, Gedenkband zum 100. Todesjahr, Zürich/München ^{2}1990